党的十八大以来人力资源社会保障事业

改革与发展地方经验

中国劳动保障报社　组织编写

主　编　贺汲泉

副主编　谢　瑗　陆　文　李艳秋

编　委　武　唯　杨　峰

中国人力资源和社会保障出版集团

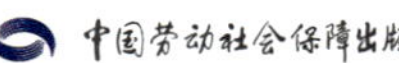

图书在版编目（CIP）数据

党的十八大以来人力资源社会保障事业改革与发展地方经验 / 贺汲泉主编. -- 北京：中国劳动社会保障出版社：中国人事出版社，2022
ISBN 978-7-5167-5716-1

Ⅰ. ①党… Ⅱ. ①贺… Ⅲ. ①人力资源管理-研究-中国②社会保障-研究-中国 Ⅳ. ①F249.23 ②D632.1

中国版本图书馆 CIP 数据核字（2022）第231249号

中国劳动社会保障出版社
中 国 人 事 出 版 社 出版发行

（北京市惠新东街 1 号 邮政编码：100029）

*

保定市中画美凯印刷有限公司印刷装订 新华书店经销
787 毫米 × 1092 毫米 16 开本 17.75 印张 174 千字
2022 年 12 月第 1 版 2022 年 12 月第 1 次印刷
定价：58.00 元

营销中心电话：400-606-6496
出版社网址：http://www.class.com.cn

前　言

十年风雨兼程，十年春华秋实。

党的十八大以来，中国特色社会主义进入新时代。

习近平总书记在党的二十大报告中回顾总结过去五年的工作和新时代十年的伟大变革，深刻指出："新时代十年的伟大变革，在党史、新中国史、改革开放史、社会主义发展史、中华民族发展史上具有里程碑意义。"过去五年和新时代以来的十年，在党和国家发展进程中极不寻常、极不平凡。面对涉滩之险、爬坡之艰、闯关之难，以习近平同志为核心的党中央团结带领全党全军全国各族人民撸起袖子加油干、风雨无阻向前行，采取一系列战略性举措，推进一系列变革性实践，实现一系列突破性进展，取得一系列标志性成果，经受住了来自政治、经济、意识形态、自然界等方面的风险挑战考验，党和国家事业取得历史性成就、发生历史性变革，推动我国迈上全面建设社会主义现代化国家新征程。

十年来，人社事业也走过了光辉的历程、取得了非凡的成就。就业局势保持总体稳定，城镇就业规模显著扩大，就业结构不断优化，就业质量稳步提升，在 14 亿多人口的大国实现了比较充分的就业；社会保障体系建设进入快车道，我国用几十年时间走完许多西方国家一百多年的历程，建成了具有鲜明中国特色、世界上规模最大、功能完备的社会保障体系；人才发展体制机制改革持续深化，专业技术人才和技能人才队伍规模持续扩大、结构更趋优化，劳动者职业技能素质持续提升；中国特色和谐劳动关系预防、监督、调处并重的协调体系和机制日趋完善，劳动者合法权益得到有效维护，劳动关系保持总体和谐稳定；行风建设有力推进，着力打通“最先一公里”到“最后一公里”，聚焦群众“急难愁盼”转作风、提能力；人社公共服务均衡发展、优质发展、创新发展，发生全方位、深层次转变；在打赢脱贫攻坚战中贡献人社力量，助力摘掉穷帽子，在巩固拓展脱贫攻坚成果、全面推进乡村振兴中践行人社担当，让脱贫群众生活更上一层楼……十年奋斗不止、脚步不停，人社事业取得重大进展、实现重大突破，为经济平稳运行、社会和谐稳定提供了有力支撑，为如期全面建成小康社会、实现第一个百年奋斗目标创造了有利条件。

这十年，各地人社部门立足当地实际和需求，积极探索、大胆创新，交出了亮丽答卷、积累了宝贵经验。用好区域禀赋发展地方特色产业，以产业带动就业、以就业促进产业，徐徐展开群众致富增收的幸福画卷；统筹推进岗位开发、供需对接、创业扶持、技能培训、就业援助、公共服务，促进高质量充分就业；

把更多人纳入社会保障范围，深化经办服务改革，推动社会保障事业高质量发展、可持续发展；加快培养高素质劳动者和技术技能人才，为现代化建设提供有力支撑；力争把劳动争议化解在基层和萌芽状态，构建起规范有序、公正合理、互利共赢、和谐稳定的劳动关系；深化“最多跑一次”改革，促进数字化转型，实现一网通办、跨省通办；持续不断通堵点、疏痛点、解难题，以人社业务经办之变、人社系统行风之变让群众感受到服务之变……从东北平原到中原大地，从天府之国到鱼米之乡，从雪域高原到南海之滨，一件件民生实事的办成，一个个人社亮点的闪耀，不断擦亮新时代的民生底色，提升了老百姓的幸福成色。

当前，全国正掀起学习宣传贯彻党的二十大精神的热潮。习近平总书记在参加党的二十大广西代表团讨论时提出了“五个牢牢把握”，为我们学习宣传贯彻党的二十大精神提供了重要思想指引和行动指南，其中之一就是牢牢把握过去五年工作和新时代十年伟大变革的重大意义。今年，中国劳动保障报社精心策划推出《奋进新征程 建功新时代 · 非凡十年》重大主题宣传，以行进式、互动式调研采访为抓手，采取巡礼式报道的方式展现新时代十年 32 个省份人社重点亮点工作。为了将学习宣传贯彻党的二十大精神引向深入，我们将相关报道汇集成册，集中反映全国人社系统攻坚克难、改革创新的生动实践，充分展现人社干部职工踔厉奋发、笃行不怠的精神风貌，全面展示新时代十年人社事业开拓进取、阔步行进的历史跨越，深刻阐释新时代十年伟大变

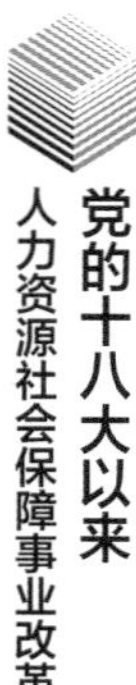

革“人社篇”的重要意义，激励广大干部群众在新时代新征程上坚定信心、迎难而上，埋头苦干、勇毅前行，为全面建设社会主义现代化国家、全面推进中华民族伟大复兴而团结奋斗。

中国劳动保障报社

2022 年 11 月

目 录

增进民生福祉的阔步行进

——人社事业这十年

（一）

2012—2022年，改变了什么？

在群众的衣食住行里，感知民生之变：

高校毕业生线上求职成为常态，点点鼠标、敲敲键盘，刷刷手机，就能找工作、投简历；住在高山褶皱、密林深处、悬崖之上的群众搬进新居，挣了票子、活了脑子、摘掉了穷帽子；手持社保卡，连通线上线下，实现人社业务、就医购药、惠农补贴、交通文旅等一卡通；居家工作、远程办公、灵活就业、身兼数职成新潮，零工市场旧貌换新颜……

在发展的日新月异中，洞悉时代之变：

外卖骑手穿梭大街小巷，互联网营销师引领职业新风尚，乡村CEO活跃田间地头，“双创”成为时代热潮；从五级工到六级工再到新八级工，技能人才迎来更畅通的上升通道和更广阔的发展天地；从世界最大人才流出国到世界主要人才回流国，高素质人才队伍加速集结，紧紧嵌入经济社会发展大局，深深融入高水平科技自立自强大势……

在数字的增减升降间，透视人社之变：

城镇新增就业人数年均超过 1 300 万人；基本养老、失业、工伤参保人数分别从 2012 年的 7.9 亿人、1.5 亿人、1.9 亿人，增加到 2022 年 6 月的 10.4 亿人、2.3 亿人、2.9 亿人；2021 年城镇职工工资较 2012 年翻了一番；社保费率先后 7 次降低；技能人才总量增至 2 亿人以上；“十三五”时期被拖欠工资的农民工比重从 1%下降到 0.16%……

从党的十八大开始，中国特色社会主义进入新时代。非凡十年，沧桑巨变。

“为全面建成小康社会而奋斗”——十年前，党的十八大向全党全国各族人民发出时代号召，中国共产党团结带领亿万人民在实现中华民族伟大复兴的壮丽征程上迈出坚定步伐。

这十年，以习近平同志为核心的党中央始终把保障和改善民生摆在治国理政突出位置，牢牢抓住让人民生活幸福这一“国之大者”，从人民群众多样化多层次多方面的需要出发，向着人民对美好生活的向往前进，发展了人民安居乐业、社会安定有序的良好局面。

这十年，全国人社系统扛起保障和改善民生重大政治责任，聚焦就业创业、社会保障、人才人事、劳动关系等领域任务和问题，奋发向上，敢为善为，将人民群众的获得感持续拉升、幸福感稳稳托举、安全感切实筑牢。

稳定和扩大就业取得重大成就，社保体系建设实现重要突破，人才人事工作迈上崭新台阶，和谐劳动关系创建开创全新局面，系统行风发生全面转变……全国人社系统奋力、奋发、奋进，迈出大步子、跑出加速度、进入快车道，在十年民生答卷上写下浓墨重彩的一笔又一笔，成为“人社工作为人民”的生动注脚。

时间是最忠实的记录者，也是最伟大的书写者。这十年，承载着 14 亿多中国人民多姿多彩、熠熠生辉的梦想，见证着落到细处、见到实效的民生保障，上演着好戏连台、精彩纷呈的人社活剧。

（二）

搭载着亿万人民梦想的巨轮劈波斩浪，归根结底要靠领导核心举旗定向、掌舵领航、凝心聚力。

“人民对美好生活的向往，就是我们的奋斗目标。”2012 年 11 月 15 日，习近平总书记在十八届中央政治局常委同中外记者见面时郑重宣示。简洁质朴、铿锵有力的话语，道出了党的目标与人民追求的完全一致，表明了党性和人民性的高度统一，彰显了世界第一大执政党炽热的民生情怀和清醒的使命担当。

“我们的人民热爱生活，期盼有更好的教育、更稳定的工作、更满意的收入、更可靠的社会保障、更高水平的医疗卫生服务、更舒适的居住条件、更优美的环境，期盼孩子们能成长得更好、工作得更好、生活得更好。”习近平总书记高度概括的“十个更”，对百姓期盼体贴入微，对民生重点洞若观火。解决好“千家万户的事”，让百姓过上更美好的生活，我们党始终一以贯之以求之、

一往无前以赴之、一心一意以成之。

百姓心心念念的工作、收入、社会保障，以及牵肠挂肚的孩子们的工作和生活，都与人社工作息息相关。“更稳定”“更满意”“更可靠”“更好”，既是人民群众对美好生活的热切期盼、无限向往，也是人社部门脚步不停、奋斗不止的动力所在。

人社工作有多重要？如何做好人社工作？在习近平总书记一个个高瞻远瞩的判断、一次次审时度势的指示、一句句念兹在兹的嘱托中，可以找到答案：

在重要会议、考察调研中，反复强调、再三叮嘱、多次部署稳定和扩大就业；

在主持十九届中央政治局第二十八次集体学习时发表重要讲话，为促进我国社会保障事业高质量发展、可持续发展提供科学指引；

在中央人才工作会议上发表重要讲话，科学回答了新时代人才工作的一系列重大理论和实践问题；

对我国技能选手在第 45 届世界技能大赛上取得佳绩作出重要指示，激励广大青年走技能成才、技能报国之路，在中华人民共和国第一届职业技能大赛开幕之际发来贺信，对做好技能人才工作提出明确要求；

在多个场合关注劳动者权益保障，强调全社会一定要关心农民工、关爱农民工，构建和发展和谐劳动关系，切实保障广大劳动群众合法权益；

…………

党的十八大以来，习近平总书记围绕“坚持在发展中保障和改善民生”这一基本方略，提出一系列新思想、新观点、新论断。

“民生工作离老百姓最近，同老百姓生活最密切”“发展的根本目的是增进民生福祉”；

“解决好人民群众最关心最直接最现实的利益问题”“集中力量做好普惠性、基础性、兜底性民生建设”；

“坚持人人尽责、人人享有，坚守底线、突出重点、完善制度、引导预期”“既尽力而为，又量力而行”；

“一件事情接着一件事情办，一年接着一年干”“保障和改善民生没有终点，只有连续不断的新起点”；

…………

这些重要论述高屋建瓴、内涵丰富、立意深远、深入人心，深刻阐释了民生工作的重要地位和作用，系统阐明了新时代保障和改善民生的原则、思路、目标和重点，为发展人社事业、增进民生福祉指明了前进方向，提供了根本遵循。

新思想引领新时代，新理念推动新发展。十年过去了，可见可知的重大变化，可感可及的丰硕成果，折射出人民满意、世界瞩目、可以载入史册的民生跨越，彰显了习近平新时代中国特色社会主义思想的真理力量和实践力量。

保障和改善民生，桩桩件件用心用力，岁岁年年接续奋斗。这十年，人社事业取得历史性成就、发生历史性变革，根本在于以习近平同志为核心的党中央的坚强领导，习近平新时代中国特色社会主义思想的科学指引。

（三）

在中国共产党的理念中，前无古人、惊天动地的历史伟业既发端于也落脚在老百姓的柴米油盐和温饱冷暖。

全国两会，是听民声、察民情的重要窗口。盘点十年两会热词，“就业创业”备受关注，“社会保障”稳居前列，“涨工资”牵动人心，“养老并轨”引发热议，“下调社保费率”承载期待……一年又一年，热词的退出和上新，彰显着人民群众不断升级的殷殷期盼，也串联起人社部门在“民有所呼，我有所应”中砥砺奋进的清晰路径。

民生，牵着民情、连着民心、系着民意。就业有饭碗之喻，是民生之本，是最大的民生；社会保障是安全网也是幸福线，是治国安邦的大问题；技能是安身立命之基，也是人生出彩之依……每一项业务都关乎人民群众的生存和发展、权益与保障，每一件工作都要与人民群众见面对账。群众性，正是人社工作的一个重要特性。

回望人社事业这十年，不管是举世瞩目成就的取得，还是枝叶关情小事的办成，一条主线贯穿始终——以人民为中心。

这是抓住最需要关心的人群解忧纾困、雪中送炭的温暖历程：

助高校毕业生、农民工等重点群体端稳就业饭碗，为技术工人擦亮“面子”、充实“里子”，帮灵活就业人员撑好权益保障伞，确保退休人员养老金按时足额发放，上调最低工资标准保障劳动者基本生活，失业保险应保尽保、待遇应发尽发兜底困难群众……

十年来，紧盯各类人群所急所忧、所需所盼，推出好用管用的实招硬招，有效改善了人民生活，为续写世所罕见的经济快速发展奇迹和社会长期稳定奇迹提供了有力支撑。

这是聚焦群众最关切的问题克难奋进、攻城拔寨的壮阔征程：

多路并进打造创业创新舞台，不断开辟就业创业新空间；细致周密做好养老保险关系转移接续和制度衔接，保障参保人员合法权益；急人所急推进根治欠薪专项行动，守住农民工生活的保障、家庭的希望；马不停蹄实施清理整顿人力资源市场秩序专项行动，实现劳有所得、权有所护；雷霆万钧开展“山寨证书”专项治理，为劳动者打造清朗健康的职业培训环境……十年来，死磕一个个难点痛点，办成一件件大事要事，稳稳托举劳动者丰富多彩的梦想，为如期全面建成小康社会、实现第一个百年奋斗目标提供了有利条件。

这是立足群众最深切的体验优化服务、锤炼行风的扎实进程：

把群众办事便利作为根本出发点，大力推进“清、减、压”，深入实施“人社服务快办行动”，全面推行证明事项告知承诺制，逐步实现打包办、提速办、跨省办、一网通办、全程网办；把群众满意作为提升源动力，全国“人社服务标兵”一马当先带动万马奔腾，练兵比武引领学政策、钻业务、强技能、优服务蔚然成风；把群众评价作为整改风向标，全面推行“好差评”，厅局长走流程，干部调研暗访，专挑“疑难杂症”、专解“急难愁盼”；把群众“看得懂”“算得清”作为宣传发力点，推动政策措施出台后第一时间进企业、进社区、进学校、进大厅，让企业和群众知晓、让经办机构知晓……行风建设专项行动有力推进，“正行风、树新风，打造群众满意的人社服务”，成为全体人社人的执着追求和生动实践。

十年来，群众的获得感、幸福感、安全感更加充实、更有保障、更可持续。这来自对“人民立场”这个根本政治立场的牢牢把握，来自向“一切为了人民”这个最高价值追求的执着奔赴，来自对“坚持人民至上”这一核心执政理念的始终坚守。

2016年11月，国际社会保障协会将“社会保障杰出成就奖”授予中华人民共和国政府，表彰我国在扩大社会保障覆盖面工作中取得的举世无双的成就。如今，“上至百岁老人，下至新生婴儿”的全民覆盖目标正稳步实现。

有人说：“在世界第一人口大国，每一个民生问题都是世界性难题。”

其实，“世界性难题”具体而精微，无非是老百姓的饭碗稳不稳、钱袋子鼓不鼓、生活有没有保障。破解这些难题，为中国人民谋幸福，是中国共产党的初心使命所在、百年奋斗所系、千秋伟业所向。

无论是民生工作的秘诀，还是老百姓的幸福密码，都并不玄奥费解。只不过把老百姓挂在嘴边的期盼，变成人社部门放在心头的牵挂，担在肩上的重任，付诸脚下的行动。锚定民生坐标和目标，关注群众实际感受，突出群众普遍受益，为增进民生福祉苦干、实干、加油干，好光景总会芝麻开花节节高。

（四）

改革浪潮每一次翻涌，都会激荡起发展的澎湃动能，都能为改善群众生活注入源头活水。

往往，身边的小变化，更能让人切身感受到什么是“改革蹄疾步稳”。

快递员能评职称了！一些地方的快递小哥评上职称的新闻频上热搜。受益于技能人才评价制度改革，新业态劳动者的工作有了新奔头，生活有了新盼头。

人社改革让群众看到变化，得到实惠，由此可见一斑。

镜头拉长。进入新时代，人民对美好生活、公平正义的需要与日俱增，城镇化加速，人口老龄化加剧，就业方式更加多样化。群众新需求、形势新变化，为人社事业列出了问题清单：就业总量压力不减，结构性矛盾更加突出；社会保障制度统筹层次低，碎片化严重；人才横向流动和纵向发展不畅，体制机制障碍有待破除；部分高频人社业务，办理时难、慢、繁……

问题是时代的声音，是工作的着力点，也是改革的突破口。推动新时代人社事业破困局、开新局，唯有改革。

2013 年 11 月，划时代的党的十八届三中全会召开，全面深化改革启幕。

大潮既起，势不可挡。在全面深化改革的浪潮中，人社部门敢啃硬骨头、勇蹚深水区、善打攻坚战，以前所未有的决心和力度奏响了人社领域深化改革的强音。

从价值取向看，老百姓关心什么、期盼什么，人社改革就抓住什么、推进什么。

从思想引领看，强化战略思维、辩证思维、法治思维、系统思维、底线思维和创新思维，坚持科学有效的改革方法。

从路径选择看，突出制度建设这条主线，加强制度顶层设计，增强改革的系统性、整体性、协同性，推动制度更加成熟定型。

从目标指向看，健全促进就业创业体制机制，建立更加公平可持续的社会保障制度，建立集聚人才体制机制，形成合理有序的收入分配格局……

2019 年 10 月召开的党的十九届四中全会强调，要坚持和完善统筹城乡的民生保障制度。从制度层面统一谋划、推进和强化民生保障，意味着民生保障的基础更为稳固，广大人民群众享有的保障更可靠更充分，发展成果更多更公平地惠及全体人民。

十年来，人社改革攻坚克难、破冰突围，一系列改革措施落地生根、开花结果，释放出推动民生改善和经济社会发展的巨大能量。

积极就业政策丰富发展、提升深化：

逐步建立城乡劳动者平等参与市场竞争的就业制度，通过大规模多层次职业技能培训强化人才培养的就业导向，完善促进创业带动就业、多渠道灵活就业的保障制度，深化人社领域“放管服”改革为就业创业降门槛，健全就业援助制度加强对困难群众的帮扶……就业支持体系日益健全，推动就业规模不断扩大、就业结构更加优化、就业质量稳步提升。

社会保障制度改革多点突破、积厚成势：

统一城乡居民基本养老保险制度，实现机关事业单位和企业养老保险制度并轨，启动实施企业职工基本养老保险全国统筹，推动企业年金、职业年金和个人养老金发展……形成了功能完备的社会保障制度框架，建成了具有鲜明中国特色、世界上规模最大的社会保障体系。

人才发展体制机制改革破除障碍、激发活力：

国家职业资格目录渐次“瘦身”，职业技能等级制度不断“扩容”，职称制度改革全面深化，专业技术人才知识更新工程深入实施，博士后揭榜领题一展身手，促进劳动力和人才社会性流动体制机制改革大步向前……人才队伍建设向高质量发展这一鲜明主题靠拢，全社会人才活力充分迸发，创新创造活水竞相涌流。

和谐劳动关系创建步履铿锵、稳步前行：

深化构建和谐劳动关系综合配套改革，探索建立劳动争议多元处理机制，完善协调劳动关系三方机制，保障农民工工资支付驶入法治化轨道，新业态劳动者权益保障补上制度短板……构建中国特色和谐劳动关系工作快速推进，劳动关系治理效能大幅提高。

人社系统行风建设雷厉风行、驰而不息：

坚持自我革命是内在动力，深化“放管服”改革是重要牵力，信息化便民服务创新提升行动是关键助力，聚合成人社业务快办好办的强大推动力。系统上下攻难关、破瓶颈、闯新路，打通“最先一公里”到“最后一公里”，贯穿理念到实践、作风到体制、

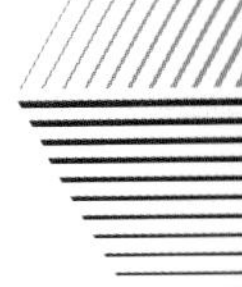

服务到形象，人社公共服务发生全方位、深层次转变。

惟改革者进，惟创新者强，惟改革创新者胜。依靠改革破局开路、迎难前进，推动改革向更深层次挺进、更高境界迈进，就能不断改出新局面、闯出新天地。

（五）

千年梦想终得圆。

2021 年 2 月 25 日，习近平总书记在全国脱贫攻坚总结表彰大会上庄严宣告：我国脱贫攻坚战取得了全面胜利，完成了消除绝对贫困的艰巨任务，创造了又一个彪炳史册的人间奇迹！

幸福都是奋斗出来的。

从“深贫”到“摘帽”，从家徒四壁到成为劳务品牌代言人，从穷乡僻壤走向世界技能大赛领奖台……对脱贫群众来说，由受困现实到触摸梦想，是艰难而又喜悦的美丽蝶变。

2012 年年底，新时代脱贫攻坚拉开序幕。农村贫困人口 9 899 万人，贫困发生率 10.2%——脱贫攻坚进入了最关键也最艰难的决战阶段。

人社部门把使命放在心上，把责任扛在肩上，在“精准扶贫，精准脱贫”的重要方略下因地制宜、因人施策，在“脱贫路上，一个都不能少”的坚定承诺里保住基本、兜牢底线，在“不获全胜，决不收兵”的嘹亮号角中一鼓作气、冲锋陷阵……

在这场人类历史上规模最大、力度最强的脱贫攻坚战中，在这个全球减贫治理的中国样本上，留下很多令人难忘的声音，记录着人社扶贫的一点一滴。

“哪怕吃点苦，只要有活儿干心里就踏实。”

一人就业，全家脱贫。扶贫车间层出不穷，社区工厂星罗棋布，卫星工厂遍地开花，农民变身工人，楼上安居、楼下乐业；奏响东西部劳务协作交响曲，演绎出一部部现实版《山海情》；一对一帮扶、点对点接送、一站式服务，帮助乡亲们走出大山，走上就业致富路；开发一个个公益性岗位，为无法离乡、无业可扶、无力脱贫的贫困劳动力托住了底……

“改变我们命运的，就是这一把修脚刀、一台电焊机、一碗幸福面。”

一技在手，吃穿不愁。把培训课堂开在车间、办在田间，让技能增收路越来越敞亮；打造各具特色的劳务品牌，使之成为提技能、好就业、助增收的闪亮名片；激励“穷人家的孩子”免费上技工院校，斩断穷根；搭建各级各类技能大赛舞台，山沟里长大的技能青年迎来“高光时刻”……

“生活有了保障，更有了新希望！”

不漏一户，不落一人。在“入口处”降门槛，在“出口处”提待遇，社保对困难群体的兜底更加牢靠；扩大工伤保险覆盖面，为失业人员提供基本生活保障，防范因工伤、失业致贫返贫；走遍千山万水、道尽千言万语、历尽千辛万苦、想尽千方百计，开展规模空前的社保“找人”，基本实现应保尽保……

“希望专家多来我们村！”

脱贫攻坚，关键在人。畅通基层专业人才发展通道，增强人

才扎根基层的底气；开政策绿灯，鼓励“土专家”“田秀才”将论文写在广袤田野；打响专家服务脱贫攻坚“百团大战”，用智慧照亮致富路；“三支一扶”计划加力，源源不断为基层汇聚有志青年……

生活水平翻天覆地，诠释着一分耕耘、一分收获的朴素道理；精神面貌焕然一新，彰显着自强不息、奋斗脱贫的坚定信念。这背后，是就业扶贫增收入、技能扶贫提素质、社保扶贫保生活、人才人事扶贫促发展的职能发挥和责任担当。干部向扶贫一线集结，资源向贫困地区汇聚，响鼓重锤，尽锐出战，在打赢脱贫攻坚战中践行了人社担当、体现了人社价值、贡献了人社力量。

时间节点环环相扣，历史任务无缝衔接。从摆脱贫困到乡村振兴，从“小康不小康，关键看老乡”到“民族要复兴，乡村必振兴”，从全面建成小康社会到全面建设社会主义现代化国家，新使命召唤新作为，新目标催生新奋进。

保持帮扶政策、资金支持、帮扶力量总体不变，强化就业促进、强化技能提升——“一个不变、两个强化”，指引人社部门乘势而上奋斗在巩固拓展脱贫攻坚成果、全面推进乡村振兴的新征途上。既突出重点又统筹兼顾，协调推进社会保障、农民工权益维护、人才倾斜支持等工作。

全面推进乡村振兴两年了，你看：

外出务工门路广，就近就业不发愁，技能培训上质量，安居之后能乐业，返乡创业掀热潮，社保甘霖洒万家……从忙碌的工厂车间到广袤的田间原野，到处充盈着生机活力和无限希望。

所有措施和行动，都在响应着“脱贫摘帽不是终点，而是新生活、新奋斗的起点”。

（六）

壮阔的航程不可能一帆风顺，既要在顺风顺水时扬帆畅行，也要在大风大浪中破浪前行。

至今，人们仍会想起那个“漫长的春天”。2020 年年初，新冠肺炎疫情突如其来，给我国经济社会发展带来严重冲击，保障和改善民生面临艰巨挑战：

求职招聘流程一时中断，农民工返岗不畅，企业用工吃紧，困难群众生活压力陡增……

习近平总书记强调：“越是发生疫情，越要注意做好保障和改善民生工作。”这是人民至上的生动写照，这是民生分量的集中彰显，这是职责使命的毅然坚守。

是大战，也是大考。面对战疫情和保民生两张答卷，人社系统勇挑重担、知难而进，以空前力度克服空前危机，用非常之策应对非常之势。一条条应急性政策传递战疫信心，一项项超常规举措驱散疫情阴霾，一次次急诊式服务提升民生温度。生活保住了，生计稳住了，生机守住了。

在稳住经济大盘中发挥职能作用，积极落实“六稳”“六保”：

市场主体“青山常在”，就业才能“绿水长流”。当很多企业寸步难行之时，史上最大规模阶段性减免社保费方案来了！对企业缴纳养老、失业、工伤三项社保费，明确免、减、缓措施。

这在我国社会保障历史上是第一次。

三年来，社保费缓缴政策不断向困难行业、企业倾斜，精准滴灌，输血供氧，从源头上稳住就业岗位；打出失业保险“降、缓、返、补、扩”政策组合拳，充分发挥失业保险保生活稳岗位提技能防失业的功能……政策力度持续加大，经办速度不断加快，真金白银及时送达，拯救了一家家步履维艰的企业，稳定了一个个岌岌可危的岗位。

特殊时期，更要关心困难群体，确保社会稳定。畅通线上线下失业登记渠道，通过公益性岗位兜底安置，一人一档、一人一策专项服务，让就业援助更精准；失业保险应势扩围，救急救困；制定劳动合同等问题处理政策，预防化解涉疫情劳动关系矛盾纠纷……

市场主体保住，就业饭碗稳住，劳动关系和谐，经济社会发展有了逆势上扬的坚实基础。

在千钧一发之际迅速行动，倾力支持和保障疫情防控：

与病毒竞速，跟时间赛跑，以“人社战疫十项行动”为引领，人社部门因时因势做好精准防控，慎终如始巩固抗疫成果。

百日千万网络招聘专项行动声势浩大，百日免费线上技能培训行动如火如荼，关爱抗疫一线行动温情满满，重点企业用工调度保障行动排忧解难，“迎新春送温暖、稳岗留工”专项行动暖意融融……针对性措施密集推出，创新性举措接二连三，有力服务保障了全国抗疫大局。

还有抗疫战场上那“最美的风景”！

人社人闻令而动、挺身而出，奔赴社区街道，投身抗疫前线。一遍遍广播卫生知识，一个个摸排返乡人员，一户户送上防疫用品，生动演绎了“危急时刻，又见遍地英雄”。

在常态化防控中牵线搭桥，全力推进复工复产：

一头密切联系企业，提供一对一服务。各地人社部门到企业走一走、看一看、问一问、帮一帮，把政策服务送上门、将难题化解在一线。

一头聚焦返岗难题，开展点对点输送。连续三年，春节过后，返岗复工点对点服务保障都如约而至，让农民工“出家门、上车门、进厂门”，一路顺利平安。

阵地前移、服务前置、力量前倾，复工复产的脚步加快，期盼中的生机活力回来了！

如今，新冠肺炎疫情仍在全球肆虐。一些西方国家选择“躺平”“共存”，付出了牺牲民众健康、拖累经济复苏的惨重代价。我国则始终毫不动摇坚持“动态清零”总方针，统筹经济发展和疫情防控取得世界上最好的成果。

疫情要防住、经济要稳住、发展要安全——我们一定要做到，我们一定能做到！

（七）

十年伟大变革，极不寻常，来之不易，亦引人深思。孜孜以求的千年梦想得以实现，牵动千家万户的“急难愁盼”一一化解，关系国计民生的改革难题逐个攻克……我们为什么能？

回顾人社事业这十年，辉煌成就振奋人心，也带来深刻启示。

走过波澜壮阔、风云激荡的这十年，我们对党的领导这个最本质特征、最大优势和社会主义制度优越性有了更坚定的自信。以习近平同志为核心的党中央从党和国家事业发展全局出发，针对人社领域面临的新形势、新任务、新要求，充分发挥制度优势，加强集中统一领导，作出一系列重大决策部署，推动人社事业大发展、大变革、大变样。前进道路上，只要坚持和加强党的全面领导，坚决贯彻落实党中央决策部署，注重发挥社会主义制度能够集中力量办大事的优势，就能推动各项工作不断展现新气象、迈出新步伐、取得新成效。

走过与民同心、为民奋斗的这十年，我们对人民至上这个根本前提有了更深入的体悟。不管是在 14 亿多人口的大国创造举世瞩目的“就业奇迹”“社保奇迹”，还是在脱贫攻坚战、疫情防控阻击战中书写直抵人心的民生答卷，贯穿始终的是以人民为中心的发展思想。前进道路上，只要把人民放在最高位置，把实现好、维护好、发展好最广大人民根本利益作为一切工作的出发点和落脚点，就能不断满足人民群众的新需求、新期盼，为人民群众创造更加美好的生活。

走过与时俱进、开拓进取的这十年，我们对改革创新这个根本动力有了更深刻的理解。十年人社改革在滚石上山、爬坡过坎中逢山开路、遇水架桥，在革故鼎新、推陈出新中风雨无阻、勇往直前，靠的是向顽瘴痼疾开刀、突破利益固化藩篱的勇气和智慧。前进道路上，只要勇于改革、善于创新，坚持用改革的办法和创新的思维解决发展中的问题，就能改出新天地，创出新活力，推动人社事业脱胎换骨、拾级而上。

走过步步为营、稳扎稳打的这十年，我们对做好人社工作的方法有了更准确的把握。人社工作具有很强的专业性，必须把握国情、立足现实、遵循规律、实事求是。十年来，人社部门科学制定实施政策措施，积极稳慎推动制度改革，不做超越发展阶段和财力水平的事情，推动实现经济发展与民生改善良性互动。前进道路上，只要一切从实际出发，立足基本国情和具体实际，坚持尽力而为、量力而行，注重稳定性、连续性、累积性，就能确保人社事业笃定向前、行稳致远。

走过栉风沐雨、知危图安的这十年，我们对防范化解重大风险的重要性和必要性有了更清醒的认识。系统上下有效防控人社领域风险隐患，既高度警惕和防范就业、社保基金支付和管理、劳动者权益维护、人事考试等领域的传统风险，又密切关注和防范人才引进、数据安全等方面新的风险，牢牢守住不发生系统性区域性风险的底线。前进道路上，只有坚持底线思维，增强忧患意识，做到居安思危，切实做好防范化解重大风险各项工作，才能筑牢底板，助力推进高质量发展和高水平安全。

十年春华秋实，经验弥足珍贵。把重实干与摸规律结合起来，不断总结经验、深化认识、提高本领，使各项工作更好体现时代性、把握规律性、富于创造性，人社事业必将沿着正确的航向乘风破浪、扬帆远航。

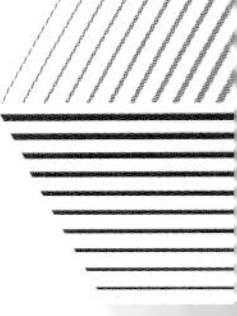

（八）

民生二字，寥寥数笔，责任大如天，分量重似山。

这十年，时光飞逝，见证了中国共产党的初心和恒心，铭刻下民生事业的思想创新、理念革新、制度更新、作风焕新、方法出新、成果翻新。

在这幅壮美画卷中，有“点对点”“一站式”的人社态度，有“一键办理”“免申即享”的人社速度，有“一口清”“问不倒”的人社声音，有“踏遍千山万水”“走遍千家万户”的人社身影……日日夜夜，点点滴滴，汇聚成增进民生福祉、加强社会建设的澎湃力量。

浩瀚历史必将铭记这十年——党和国家经历过风高浪急，见识过惊涛骇浪，在接踵而至的风险挑战中坚定信心、迎难而上，在复杂性严峻性前所未有的形势中沉着应对、稳住局面。取得历史性成就，发生历史性变革，是党和人民一道奋斗出来的。

民生答卷必将记录这十年——人社部门朝着民生指南针的指向，一棒接着一棒跑，一茬接着一茬干，以担责履责、苦干实干助力两个五年规划顺利交接，以敢打敢拼、实绩实效推动两个百年奋斗目标成功交汇。中国的民生温度，群众的幸福刻度，既标注在重大时刻中、镌刻在重要节点里，也体现在关键小事的办成、平凡心愿的达成上。

亿万人民必将难忘这十年——一朵朵干事创业的梦想之花尽情绽放、风姿绰约，一条条成长成才的光明大道顺畅通达、风光无限。一名名劳动者心里有梦、眼中有光、手上有劲，以积极主动的精神状态在全面小康路上奋力奔跑，一个都不掉队。

写下华章，亦掀开序章。

放眼脚下的路，不平衡不充分的发展问题要着力解决，补短板、强弱项、固底板、扬优势需靶向发力。党的二十大在政治上、理论上、实践上取得了一系列重大成果，就新时代新征程党和国家事业发展制定大政方针进行了战略部署。

站在新的历史起点上，展望社会主义现代化强国宏伟目标，信心满怀、踌躇满志；畅想全体人民共同富裕美好图景，令人神往、催人奋进。

沿着中国式现代化道路走向共同富裕，人社部门当扛起更大担当、展现更大作为。促进共同富裕，扩大就业容量、优化就业结构、提升就业质量是重要基础，健全多层次社会保障体系是重要抓手，深化人才发展体制机制改革是重要支撑，构建中国特色和谐劳动关系是重要途径。

新征程上，面对更加错综复杂的风险和挑战、矛盾和问题，“最根本的是要把我们自己的事情做好”。

让我们在继往开来的党和国家事业中勇担重大责任和光荣使命，奋力谱写全面建设社会主义现代化国家的人社篇章，在中华民族伟大复兴进入不可逆转的历史进程上赢得更加伟大的胜利和荣光！

（仲劳平）

北京：

奋力谱写人社行风首都新篇章

“东方古都”“长城故乡”“祖国心脏”“双奥之城”……在传统历史与现代文明的交汇融合下，首都北京，处处充满生机和活力。

大城之道在民生。幸福首都，须有鲜亮的民生底色。

党的十八大以来，北京市人社系统深入贯彻习近平总书记关于民生发展的重要论述，认真践行以人民为中心的发展思想，大力加强系统行风建设，开展“局处长走流程”，持续优化人社服务，通堵点、疏痛点、解难题，绘就了“人社服务为人民”的新图景。

办事大厅宽敞明亮、温馨舒适，综合窗口“一次办好”，“信息跑路”代替“群众跑腿”，人社服务“全城办同标办”……

非凡十年，正行风、树新风，以优质服务提升满意度，群众的获得感、幸福感持续增强。

完善制度聚合力　行风“管到底”

盛夏七月，骄阳似火。北京东方慧博劳务派遣有限公司，一条短信引起人事专员付玉的注意："您好，您单位王青等人临近法定退休年龄，您可以使用电脑登录……了解具体情况。"

"以前办理退休业务，要抱着一大摞材料去社保大厅。现在，提前半年收到短信提示，在网上申请，预审档案，系统生成基本养老保险待遇信息告知单，销户提取的公积金将转入相应银行账户，医保也能自动办理在职转退休。"付玉感慨，从跑无数次到"云办理"，办事效率大大提升。

群众感受到的服务之变，背后既是人社业务经办之变，更是人社系统行风之变。

"过去，一些公共服务窗口存在'门难进、脸难看、事难办'的现象，严重影响群众办事体验。"北京市人社局行风建设专班四级调研员迟文秀表示，破解此类问题，改革势在必行。

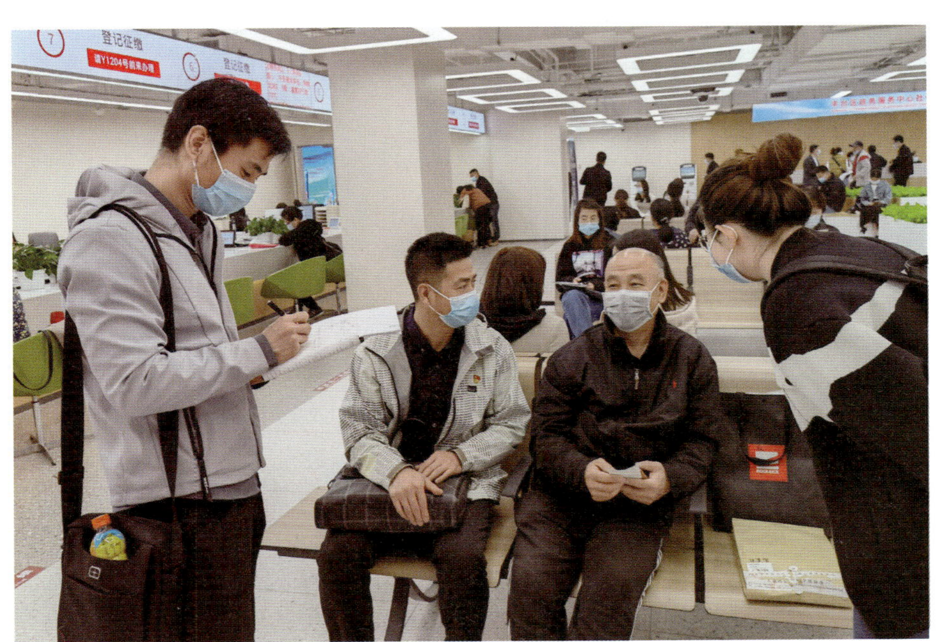

北京市人社局行风建设专班工作人员深入一线，现场征求办事群众意见建议。

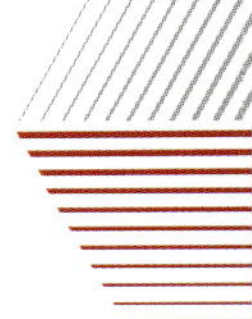

管行业必须管行风。十年来，北京市人社局把行风建设工作作为强化宗旨意识、服务中心大局、深化改革落地、加强队伍建设、提升服务水平的重要基础支撑，坚持与中心任务、主责主业、党风廉政建设、深化“放管服”改革、优化营商环境等工作统筹部署，一体推进。

2017 年以前，北京市人社局以加强党建工作为统领，改革服务模式、推行“综合柜员制”；简化经办流程、精简群众办事环节；优化人社服务供给方式、开辟特殊群体“绿色通道”……窗口服务更加精细便民，基础设施建设逐步规范完善，系统政风行风建设水平持续提升。

2018 年，人社部在全国人社系统开展行风建设三年专项行动，召开系统行风建设电视电话会议进行动员，行风建设的重要性和紧迫性更加凸显。

“我们针对人社服务领域不平衡、不充分的方面靶向发力，从行风建设工作的制度顶层设计、工作拓展延伸、完善工作机制等方面开始加强和改进。”北京市人社局副局长戚书平介绍说。

牵一发动全身，一子落满盘活。凝聚全局合力，北京市人社局聚焦“我为群众办实事”实践活动，以“接诉即办”为主抓手，深入开展“局处长走流程”，着力推进政务服务“减流程、减时限、减材料、简便办”，升级“互联网 + 人社服务”，大力推广电子印章，扎实开展练兵比武，发挥典型示范作用，推动行风建设工作再上新台阶。

创新举措提效能 答好“优化题”

“副处长‘拜师’美团骑手体验送外卖，12小时赚41元。”2021年4月，这则新闻引起网友热议。视频中，时任北京市人社局劳动关系处副处长的王林手拿头盔，坐在马路牙子上，感叹外卖骑手之不易。

深入基层，换位调研。王林等人社干部与外卖员、网约车司机同甘共苦，了解外卖员与网约车司机的真实状况，以此成为北京市人社局研究制定支持与规范新就业形态相关政策的重要依据。

精准对接群众诉求，向前一步“走流程”。北京市人社局坚持问题导向，创新思路和举措，全系统上下联动，开展了“局处长走流程”。截至2022年6月底，市局层面累计430余人次参加。

“从企业和群众视角深入查找和有效解决工作中的堵点、痛

北京市人社局行风建设专班召开市、区、街三级会议，集中研讨贯彻实施《北京市人力社保服务规范》，推进人社服务“全城办同标办”。

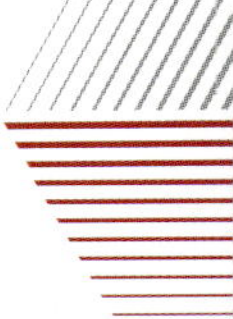

点、难题，推动‘接诉即办’向‘未诉先办’延伸，人社经办服务从‘方便管理’到‘方便办事’转变，走出了一条强化行风建设、提升服务效能的新路子，解决了一批企业和群众‘急难愁盼’的问题。”北京市人社局行风建设专班主任张友道介绍。此项活动推动出台了优化营商环境若干措施、“场景式服务”实施方案等 5 个方面举措，进一步夯实行风建设制度基础。

找准症结，补齐短板，优化服务是一场刀刃向内的自我革命。北京市人社局深入落实人社服务“快办行动”，重塑优化业务流程提效能，实现审批流程、办理时限、申报材料“三减办”。同时，着眼群众现实需求，升级“互联网＋人社服务”，通过“网上办”“掌上办”等多种途径，为群众提供“一网式”服务。

办理时限压减 70%以上，申报材料精简 76%，超过 90%的服务事项实现“全程网办”，13 枚电子印章全部实现场景应用……近年来，北京市人社系统交出一份份沉甸甸的行风建设答卷。

“服务下沉到基层，进一个窗，一次办好，改革之后，省了很多时间，少走了好多冤枉路！从存档到上保险都能网上办，太方便啦！”通州区玉桥街道的李女士高兴地说。

统一标准，规范服务，答好“优化题”。2022 年，北京市人社局持续深化“局处长走流程”，推出“深入一线”“清单式”“打包式”“派单式”“青年干部”走流程，持续抓好服务规范。6 月 30 日，北京市人社局发布《北京市人力社保服务规范》，形成 135 个服务事项、214 个服务规范。在此基础上，还深入推进 11 个打包“一件事”改革落地，至 2022 年 7 月，已完成退休、灵活就业、失业、社会保障卡集成服务 4 个“一件事”。

“标准清晰，同事同标同流程，最多就近跑一次。服务规范不仅是经办机构开展工作和业务培训的‘工具书’，也是企业和群众办事的‘导航仪’。”北京市人社局行风建设专班一级主任科员张丽介绍说。

服务群众，作风是本，能力是纲。近年来，北京市人社局常态化开展“练兵比武”活动，队伍素质和服务能力持续提升。在 2021 年度人社系统窗口单位业务技能练兵比武全国总决赛中，北京市代表队荣获“团体优胜奖”，西城区的李想、鞠彤在“擂台比拼环节”荣获“最佳挑战奖”。

“通过练兵比武，人社业务学习更全面，窗口工作程序更娴熟，服务群众底气更足！”李想说。

北京“12333”人社热线业务技能练兵比武竞赛现场。

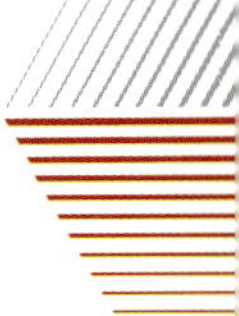

服务加速又升温　赢得“好口碑”

服务好不好，群众说了算。从政策供给的“最初一公里”到服务落地的“最后一公里”，群众的口碑是检验人社系统行风建设的“硬标尺”。

走进东城区人社局劳动能力鉴定中心，展示栏中的一封感谢信格外引人注目。写信人是工伤职工郑先生的妻子，“丈夫在京遭遇车祸并认定了工伤，疫情防控期间在山东老家休养，因脑部损伤，四肢无法行动，难以回到北京进行劳动能力鉴定……”

该中心核实情况后，迅速协调专家组，商讨鉴定方案，最终通过连线“云视频”鉴定形式，帮助其完成了劳动能力鉴定及配置辅助器具鉴定。特事特办，温情满满，家属不仅电话致谢，还跨越千里邮寄了感谢信。

西城区人社局建立局内“吹哨报到”工作机制，推动群众疑难、复杂诉求“一站式”解决。

2022年5月26日，该局收到匿名女士12345派件投诉。经了解，该项业务涉及多个部门衔接，造成办事人办理不顺畅，办理时间长。在“吹哨报到”工作机制下，此业务办理涉及的社保中心支付、登记、征缴三个部门吹哨到一起，梳理各部门业务办理流程和衔接点，查原因，找办法，最终该业务在1周内办结。

直击痛点，高效便捷，企业办事无忧。

丰台区人社局打造“先锋人社”党建品牌，发挥专业队伍“先锋作用”，提供更精准、更高效的人社服务。在该区社保中心办事大厅，新成立的“帮办专家工作室”已成为解决社保“疑难杂症”的好帮手，赢得群众点赞。

“退休5年了，我怀疑养老金计算有问题，拿着核算表走进来，‘资深专家’提供一对一服务，一遍遍解释、演算，了解原委后，心里的疙瘩总算解开了。”刘师傅表示，工作人员耐心，人社服务暖心。

服务城市副中心，通州区人社局升级“人社e管家——通州人社帮帮团”。目前，“帮帮团”已经纳入近900家企业1 000多位企业人力资源负责人，在线回应4个服务群的办事需求，主动提供员工招聘、职业指导、技能培训等优质服务，应民所需，搭建线上线下“连心桥”。

“回望来路秉初心，砥砺前行正当时。”行风建设没有终点，服务群众永无止境。

北京市人社局局长章冬梅表示，要始终把为群众提供优质服务放在心上，把行风建设抓在手里、扛在肩上，做到决心不变、劲头不松、力度不减，让群众获得感更足、幸福感更可持续、安全感更有保障。

（杨勤）

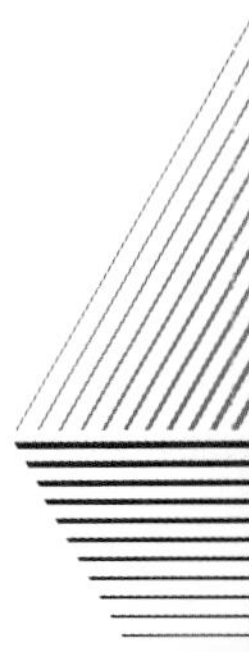

天津：

民乐其业，海河之畔焕新颜

曲折蜿蜒的海河，穿城入海，静静地流淌在津沽大地，见证着这座城市的岁月变迁。

党的十八大以来，习近平总书记四次到天津市考察调研，作出一系列重要指示，为天津市发展谋篇布局。遵循习近平总书记对天津市工作“三个着力”要求和一系列重要指示批示精神，天津市坚持创新驱动发展，持续改善民生，努力在实现更加充分更高质量就业的新征程上展现新的作为。

稳主体　拓岗位　就业规模持续扩大

渤海之滨，先进制造研发基地、国际航运核心区、金融创新示范区、改革开放先行区……一系列创新高地不断崛起，彰显着天津市强劲的发展活力。走进天津市滨海新区，无人机、机器人、智能驾驶等智能科技企业云集，昔日的盐碱地发展成了现代化产业集群区。

十年来，天津市坚持发展“一盘棋”布局，在承接北京市非首都功能疏解、区域产业协作和创新协同等方面全面发力，推动重大项目、优质企业加速聚集，努力塑造就业增长极。

“得益于区位优势和天津市在落户、税收等多方面的政策支持，企业发展得越来越好。”致导创新（天津）科技有限公司相关负责人表示。据不完全统计，京冀企业在津投资项目 8 800 个、到位额 6 800 亿元。

近年来，天津市推出“稳经济 35 条”等一系列暖企政策，为企业发展注入“活水”。针对新冠肺炎疫情带来的稳岗压力，出台失业保险稳岗返还、一次性留工补助、一次性扩岗补助等硬核举措全力稳就业、保民生。

“稳岗返还资金真是‘及时雨’，大大缓解了经营压力，让我们在招才、引才上更有底气。”天津天地伟业科技有限公司相关负责人杨鑫鑫说，公司 2022 年已收到 65.2 万元的稳岗返还资金，用于员工培训、待遇提升等。

天津市人社局局长沈超介绍，2020 年以来，天津市为企业减免三项社会保险费 247.56 亿元，惠及企业 18.2 万户；降低失业保险费率，为企业降低成本 29.19 亿元；失业保险稳岗返还金额达 27.16 亿元，用“真金白银”帮助企业重振信心。

既要稳岗，又要扩容。自主创业、灵活就业、基层就业……近年来，天津市多渠道挖掘拓展就业空间，全力促进更加充分就业。

“公司享受创业补贴 300 多万元，大大缓解了企业的资金压力。”天津云圣智能科技有限责任公司负责人李峰辉说，“在政

策扶持下公司业务快速扩展，人才需求不断增加。”

夜幕降临，位于天津自贸试验区中心商务片区的抖音直播生态产业园灯火璀璨，网红主播们奋力吆喝，热闹非凡。据统计，目前园区已引进 5 家优质电商机构，招募线上主播约 1 500 人、线下主播及直播人才近 500 人。

如今，自主创业、灵活就业正成为天津市带动就业的崭新符号。2021 年，天津市新登记市场主体 26.78 万户，增长 4.5%。天津市连续三年举办的创新创业大赛也孕育了不少创业企业。

聚焦高校毕业生、农民工、就业困难人员等重点群体，天津市积极开发基层就业岗位、公益性岗位等，切实兜牢就业底线。2017—2021 年，天津市共帮扶 21.7 万名就业困难人员实现就业，零就业家庭保持动态清零。

促转型　强技能　就业质量稳步提升

从传统钢结构经营到绿色装配式发展，从传统手工制造为主到产线自动化、工厂智能化，过去十年，中建钢构天津有限公司从传统制造向智能制造不断迈进，成为天津市大批传统制造业企业转型升级、智能发展的缩影。

曾几何时，天津市遇到过产业结构单一、产业层次低、生态环境压力大等发展难题。天津市以壮士断腕的决心关停整治大批“散乱污”企业；紧抓新一轮科技革命和产业变革机遇，组建战略性新兴产业集群；充分运用世界智能大会平台，加快引育新动能……过去十年，以“着力提高发展质量和效益”为引领，天津市推动形成了更多高质量就业增长点。

“重点开发信创、新能源、新材料、智能制造等高技术含量、高附加值的就业岗位，从之前的以生产岗、操作岗为主向技术岗、研发岗为主转变。”天津市人社局就业促进处相关负责人说。

蹄疾步稳，持续深耕，就业质量稳步提升。创立“工匠涵养班”，实施“海河工匠”建设工程，深入推进职业技能提升行动，加快完善职业技能培训体系……十年来，天津市着力以技能赋能破解就业难题，助推高质量就业。

“每年选拔一批立志从事技能工作的‘好苗子’，由国家级技能大师授课，对标产业发展、企业需求等开设培训课程。培训出的学生技艺精湛，还没毕业就受到企业‘争抢’。”天津市职业技能公共实训中心“工匠涵养班”导师王传龙说。

2022年9月，天津市职业技能公共实训中心“工匠涵养班”学生正在实训。

齐学发是“工匠涵养班”的首批毕业学员，现就职于天津松正汽车部件有限公司。由于在“工匠涵养班”接受过系统训练，入职后的他快速适应工作，成为了车间技术骨干。

夏日炎炎，焊花四溅。在中建钢构天津有限公司国家级高技能人才培训基地，35 岁的吕永东正在滚滚热浪中操习焊接技能。扎根生产技术一线 16 年，凭借过硬的专业本领，他从普通工人成长为“全国技术能手”，并担任所在培训基地的培训教师。“只要技术过硬，工作不仅好找，还找得好。”吕永东说。

从学生到企业职工，再到各行各业劳动者群体，天津市广泛开展技能培训，提升劳动者就业能力。

“以前以种地为生，每月仅有 1 000 多元收入，接受培训后

公共服务进校园活动。

从事家政工作，现在每月都有 5 000 元收入，我也从客户认可中找到了自信。”谈到技能培训带来的变化，天津市蓟州区的吕海燕连声称赞。

2017—2021 年，天津市 144.66 万人次获得职业培训补贴。截至 2021 年年末，全市技能人才总量达到 271 万人，其中高技能人才 83 万人。五年来，天津市累计新增就业超过 220 万人。

增渠道　转方式　就业服务提效能

就业服务是稳就业扩就业的重要手段。近年来，天津市不断丰富就业服务内容，提升就业服务质量，为实现更加充分更高质量就业提供有力支撑。

在安泰天龙钨钼科技有限公司内，职工何雷正在熟练地操作着高精度机床。“我从大三开始就在现在的单位见习，实践经验为如今的工作提供了重要支撑。”凭借出色的见习表现，他顺利转正。一年后，还成了加工车间的小组长。

近年来，天津市不断扩大见习人员范围，将普通高校、中等职业学校、技工院校毕业学年学生纳入见习范围，并对见习后直接录用见习人员的企业给予每人 3 000 元的一次性奖励。借助政策红利“东风”，企业积极吸纳见习学生，加快储备人才。

2021 年，天津市新增就业见习基地 795 家，累计 2 001 家；全年就业见习人数达 2.5 万，同比增加近 70%。

登记信息、接打电话、接待来访……在天津市西青区大寺镇综合便民服务中心，林广瑞忙得不可开交。这个 32 岁、身材高

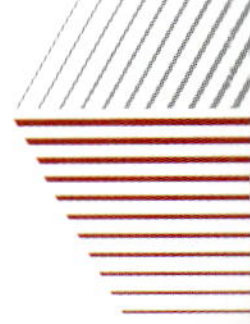

大的小伙子有个特别的称呼——“就业红娘”。“我负责介绍工作，可不介绍对象。”他笑着说。

“非常感谢‘就业红娘’，一对一服务帮我找到满意的工作。”2021 届毕业生吴尉就在林广瑞的帮助下顺利就业。

据天津市西青区人社局相关负责人介绍，2019 年 6 月，天津市西青区专门组建“就业红娘”队伍，为每名求职者和每家企业配备专属“就业红娘”。截至 2022 年 6 月底，“就业红娘”有 190 余人，共帮助近万名求职者就业，帮助千余家企业解决了用工难题。

天津市西青区“就业红娘”正在为求职者进行职业介绍和就业指导。

聚焦农民工、就业困难人员等重点群体，天津市拿出硬招实招，创新完善对接帮扶机制，开展“就业援助月”等专项活动，全力做好就业服务和兜底保障。

新冠肺炎疫情发生以来，天津市坚持线上线下联动，以精准服务促就业。在线上，企业招聘负责人、人社干部化身“网络主播”，推送就业岗位，解读就业政策；在线下，人力资源服务产业蓬勃发展，服务内容日益丰富。“直播带岗既降低了疫情传播风险，又满足了供需双方的需求。”“以前招聘要去人才市场，有了人力资源产业园再也不用两头跑了！”企业纷纷称赞。2022 年以来，全市已举办网络招聘会、直播带岗等活动 890 多场，参与企业 2.9 万多家，提供岗位超过 60 万个。

据统计，中国天津人力资源服务产业园已建成 6 个园区，2021 年累计服务求职人员 72.69 万人次，服务用人单位 4.75 万家次。

征程万里风正劲，重任千钧再出发。在以习近平同志为核心的党中央坚强领导下，天津市坚定不移走高质量发展之路，以昂扬斗志和真抓实干书写更高质量的“就业答卷”。

（王东丽）

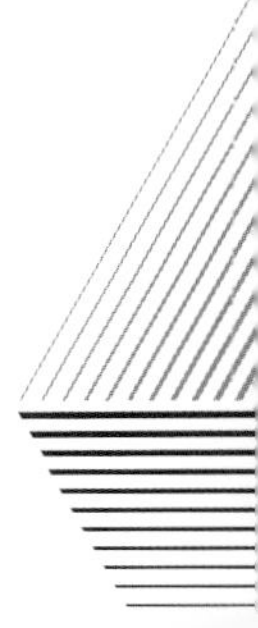

河北：

顺时应变，开拓新时代就业发展之路

十载春秋，结果丰硕。党的十八大以来，在位于太行山麓、渤海之滨的河北省，当地人社部门通过持续不断努力，就业工作取得显著成绩，城镇就业总量由2012年的1 221.57万人增加到2021年的2 105.6万人；高校毕业生从2012年的35万人增加到2022年的52.4万人；农村劳动力转移就业每年维持在1 280万人左右……

十年间，就业政策紧贴经济发展不断迭代升级，就业帮扶让群众迈上小康路，重点群体就业得到持续保证。

“党的十八大以来，河北省人社厅深入贯彻习近平总书记关于就业工作的重要指示精神，坚持在经济高质量发展中提高就业质量，就业总量持续增长，就业结构不断优化，就业政策与就业服务体系日趋丰富完善，走出了一条具有河北特色的就业发展道路。”河北省人社厅厅长王景武说。

产业结构调整升级的可靠保障

“十三五”期间，河北省产业结构调整优化，涉及钢铁、煤炭、火电等 6 个行业的 15.1 万名职工。在这么集中的分流任务面前，河北省人社部门通过支持创业创新、强化就业帮扶、提供职业培训、启动专场招聘等多项措施，想方设法广开安置渠道，及时推出各项稳就业政策，为实现产业转型升级和高质量发展提供可靠保障力量。

“2017 年我们淘汰了两座 4.3 米捣固焦炉，涉及职工近 400 人，在省、市两级人社部门的帮助下，全部职工都得到了妥善安置。”邯郸市邯钢集团丰达冶金原料有限公司人力资源部部长李继先介绍说，“我们在人社部门的政策指导下，在产业结构调整中首先制定职工安置方案，优先落实分流措施。如今转岗职工已成为企业其他生产环节的技术骨干，有的还走上了管理岗位。”

这是河北省人社部门紧贴经济社会发展需要，在产业调整、转型升级的过程中，展现人社作用的一个缩影。

鼓励创业促进就业是支持经济发展的有力之举。为此，河北省人社部门适时推出创业担保贴息贷款、创业孵化基地房租物业水电补贴、一次性创业补贴、吸纳就业补贴……一项项真金白银的扶持政策助力创业者扬帆启航。

“我们根据创业政策申请到的扶持资金，全部投入公司调整和技术提升上面，一下子就使创业结构得到优化，综合竞争力得到提升。”在石家庄市新华区创业孵化基地，负责基地运营的公司负责

人马九超结合切身经历，讲解创业担保贷款点石成金的作用。

2012 年，刚刚创业的马九超从当地人社部门申请到 40 万元创业担保贴息贷款。“当时我用这笔贷款更新了设备，聘请了专业人才，促使我们定位大幅提升，业绩随之显现。”马九超介绍说。十年里，他事业上的每一次飞跃都离不开人社部门创业政策的持续支持。他说：“我曾经是政策的受益者，如今要当好创业政策的传播者，通过运营创业孵化基地，为一拨又一拨创业者营造良好的创业环境，让他们享受政策、施展才能，为经济社会发展做出力所能及的贡献。”

支持创业者做大做强是河北省持续稳就业的开源之策。

“河北省创业政策力度大，扶持范围广，人社部门提供的创业服务项目很多，我们创业者感到很‘解渴’。”平泉市益农科技育苗有限公司创始人李然的感受，是不少创业“过来人”的共同感受。党的十八大以来，河北省人社部门不断打造创业的“政策热土”。

“用创业带动就业具有倍增效应，唯有光明的创业前景、肥沃的创业土壤、稳定的企业发展，才能创造更多就业岗位，成为稳定就业的‘蓄水池’。”据河北省人社厅一级巡视员赵爱平介绍，十年间，河北省累计发放创业担保贴息贷款 208.19 亿元，支持 22.88 万人自主创业，带动 63.01 万人实现就业。

走出贫困迈向更美生活的持续帮扶

17 户养殖蛋鸡 1 万余只，53 户加入密植梨种植产业，服装加工带动 35 人稳定就业，公益岗兜底安置做到不让一户掉队……在邯郸市魏县永东村，这个曾经平均每 10 人就有 1 人贫困的小村庄，这几年通过就业帮扶发生了翻天覆地的变化。

永东村是河北省促进就业助力脱贫不断富裕的一个缩影。

2012 年，脱贫攻坚战在河北省打响了第一枪。十年来，河北省人社部门将就业作为攻克贫困堡垒的首要举措，相继出台促进贫困劳动力就业创业的系列政策，通过有组织的劳务输出、扶贫车间等载体吸纳、返乡创业带动就业等措施，使三分之二以上的贫困人口主要靠就业和产业实现脱贫。另外，通过不断拓宽居家灵活就业、公益性岗位安置等措施，让就业困难群体“一个也不落下”。截至 2020 年年底，河北省 62 个贫困县全部摘帽，7 746 个贫困村全部出列，232.3 万建档立卡贫困人口全部脱贫。

彩钢瓦、落地窗、南北两层 9 间房，在保定市顺平县胜利村，刘胜景刚刚翻新了老房。曾经的刘胜景家是村里的建档立卡贫困户，靠着河北省人社部门的就业政策和驻村干部的帮扶，他开办了顺平县旺泉箱包厂并被认定为扶贫车间，不但自己脱了贫，还带动周边数个村的脱贫人员就业增收。

“现在生活好了，大家走路都带劲。”刘胜景开心地说，面对新的生活，他也有了幸福的烦恼，“现在工人多了，厂房不够用，刚进的原材料都快没地方放了，好在县里人社局又给我送来了新的帮扶政策，过两天我就准备着手扩建厂房。”

脱贫是迈向新生活的起点。“实施乡村振兴以来，我们不断拓宽渠道，促进就地就近就业、稳定外出务工规模、优化服务健

全就业帮扶长效机制，提高脱贫人口就业质量和稳定性。”赵爱平说。河北省人社部门将 62 个省级乡村振兴重点帮扶县和易地搬迁集中安置区作为稳岗就业重点，严格落实“四个不摘”，在全面推进乡村振兴中创造更多就业机会。据统计，截至 2022 年 6 月底，河北省脱贫人口务工总数达到 90.83 万人。

重点群体就业精准施策成效突出

“根据你大学所学专业，我建议先熟悉现场，然后学习咱们施工的基本知识。”在邢台市广宗县礼貌街道路排水工程现场，邢台市政建设集团股份有限公司宁晋分公司经理王朋备正在为新入职见习的高校毕业生进行现场培训。

“在他们身上，我仿佛看到了曾经的自己。”王朋备说，当

2018 年 12 月 22 日，第九届中国河北高层次高级人才洽谈会在石家庄市成功举办。

年的他，就是看到了当地发布的离校未就业高校毕业生就业创业促进计划，才登门人社局的。“工作人员登记了我的信息，为我量身定制了工作规划，之后还为我推荐工作岗位。”从一名资料员到分公司经理，王朋备的现身说法对后来者深有启发。

促进高校毕业生就业创业是就业工作的重中之重。十年间，河北省人社部门为有就业意愿的离校未就业高校毕业生免费提供1次职业指导、3次岗位推荐、1次职业培训或就业见习机会，同时不断简化优化求职就业手续。

2019年10月19日，《2019年雄安新区急需人才目录》发布会暨雄安新区人才智力交流会在雄安新区成功举办。

农民工就业是社会稳定的重要方面。2017年以来，河北省人社厅将劳务协作作为就业帮扶的重要支撑，先后与北京市、天津

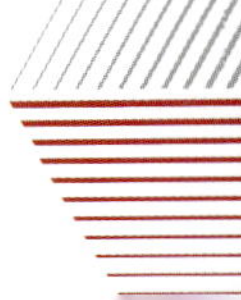

市、山东省等地签订劳务合作框架协议，不断拓宽劳务协作领域、强化劳务岗位对接，提高劳务组织化程度，开展省内市际间、跨市县际间、市内县际劳务协作，促进农民工群体就业。

今年 48 岁的杨立华是邢台市广宗县中清村村民。“我的主要收入来源就是打零工，已经干了七八年了。”杨立华说，他主要承接水电维修工作，在零工驿站设立前一个月收入不到 2 000 元。

2022 年年初，杨立华通过县人社部门的宣传，得知零工驿站试运行，他便留下了自己的信息。“谁想到，当天就有人约我上门修理家电，从那天起可以说每天都有活干，现在一个月挣 4 000 多元没问题，而且工作时间自己掌握，非常适合我。”杨

2017 年 2 月 8 日、9 日，“2017 年河北省毕业生就业市场”在石家庄成功举办，招聘单位正在为求职者现场介绍岗位信息。

立华说，工作人员专门帮他把信息登记在零工驿站的微信小程序上，教会他网上接活儿，不管在哪里都能随时与客户联系。

窥一斑而知全豹。杨立华所经历的变化在部分就业群体中有着普遍性，从一个侧面印证了河北省近年来在稳定农民工群体就业方面多措并举的努力。

2020 年以来，河北省努力探索零工市场建设，在交通便利、人员求职集中的地点设立零工市场，组织劳务对接洽谈，在新冠肺炎疫情防控期间开辟线上市场。“如今，零工市场不但包含有高效的供需对接，还集中了就业指导、岗位推荐、职业培训、信息咨询、权益维护等服务功能，努力为求职者提供‘一站式’就业服务。”赵爱平说。

王景武表示，今后将继续巩固既有成绩，在习近平新时代中国特色社会主义思想指引下，适应新形势新发展需求，抓服务、练内功，把就业大局稳住，促就业质量提升。

（赵为）

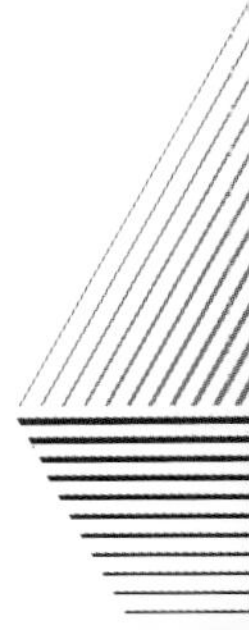

山西：

民生实事有温度，重拳治欠护“薪”安

风暖三晋处处新，山河锦绣次第来。三晋之地，勤劳朴实；三晋之地，和谐成风。

党的十八大以来，习近平总书记三次赴山西省考察调研，为山西省发展指明了前进方向、提供了根本遵循、注入了强大动力。沿着习近平总书记指引的方向，山西省扎实做好保障和改善民生工作，通过强化考核问责，筑牢源头治理，依法严查案件等方式，保障农民工工资支付工作取得明显成效，让劳动者得以更好地参与发展，分享发展成果。

强化考核问责　层层压实责任

2021 年 12 月，太原市劳动保障监察综合行政执法队万柏林区大队接到投诉，太原市中海国际社区项目拖欠 47 名工人工资共 28.2 万元。临近春节，为保障劳动者及时返乡，执法队工作人员立即前往该项目实地调查取证，并约谈项目建设单位、总包单位及涉事劳务公司。经调查处理，涉事企业及时补发全部工人工资，

并被实施经济处罚 12 万元。

“过去此类案件发了工资就会结案，但现在我们实行‘一案双查’，既要查清欠薪事实，责令欠薪企业限期支付工资，还要实地核查项目治欠保支制度落实情况和建设资金拨付情况。”山西省人社厅劳动保障监察局局长赵红兵介绍。

保护劳动者权益，这份责任，其来有自。过去，由于山西省长期一煤独大、产业单一，一度遭遇产业结构失衡的切肤之痛，经济严重下滑，职工劳动权益保障受到严峻挑战。为千方百计保障和增加城乡居民收入，山西省及时组织部署企业职工增收措施情况专项检查、拖欠农民工工资突出问题专项整治，克服困难多措并举筹措资金清理欠薪欠保，有效维护了全省劳动者劳动报酬等权益。

保护劳动者权益没有最好，只有更好。2017 年，山西省建立实施了约谈问责制度。对日常监管责任不落实、欠薪处置不力的，约谈政府和相关部门负责人并通报；对涉及政府投资工程欠薪的或欠薪造成其他不良社会影响的，实行项目全环节责任倒查，厘清并追究责任。近年来，山西省人社部门累计约谈市、县政府及国有企业负责人 90 余人次，依法依规对 129 名责任人进行追责问责。

在强化约谈问责制度的同时，山西省还创新性提出“三个清零”，即重大案件和存量案件限期清零、新发生案件季度清零、年内发生案件年底清零。案发地县级政府主要负责人是清零的第一责任人，市级政府负清零督办责任。

强化属地责任、强化考核问责，硬核举措“剑”指欠薪行为。

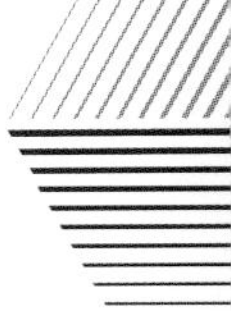

“人盯人、人盯项目”，盯紧盯牢工资支付保障制度落实，源头化解欠薪隐患。

“目前，保障农民工工资支付工作已经被纳入对各市、省直单位的目标责任考核体系，解决欠薪问题情况占专项考核分值的50%，专项考核结果将按规定在全省通报，并约谈排名靠后的市政府负责人。”据山西省人社厅副厅长师广卫介绍，各市、县对应开展根治欠薪目标责任考核，层层厘清责任，对履职不力、失职失责的行为严肃追责问责。

如今，在山西省人社厅联合接访大厅劳动监察窗口，欠薪投诉举报电话 24 小时有专人值守接听，统一受理全省范围内的欠薪投诉举报。工作人员介绍说：“随着欠薪治理工作的全面推进，现在投诉电话比以前少了很多，解决难度也明显降低。”

更好的改变温暖着劳动者的心。“我和工友们都愿意待在山西干活儿。干了这么多年，以前总害怕拿不着工资，这几年不会了，工资每个月10号就准时打在我们工资卡上，没人敢拖欠工资了，现在的政策就是好。”在山西三建集团有限公司长治市中级人民法院项目做水电工的于万军高兴地说。

有力的行动由数字佐证。仅2021年以来，山西省协调处理、立案查处欠薪案件17 146起，为8.91万名农民工追发工资13.16亿元，所有欠薪案件全部实现年底清零、动态清零，国家转办的901起欠薪案件全部按期办结销号。各级人社部门向公安机关移送涉嫌拒不支付劳动报酬犯罪案件93起，向社会公布重大劳动保障违法行为189起，列入拖欠农民工工资失信联合惩戒名单60个……一组组数字，见证了山西省劳动监察举措的硬核实效。

守护劳动者薪资责任重于泰山。党的十八大以来，山西省人社部门一茬接着一茬干，一棒接着一棒跑，努力织牢劳动维权服务网，让劳动者实现体面劳动、全面发展。

建强工作队伍　筑牢源头治理

让劳动者更有保障靠的是什么？一支坚强的执法队伍！如今，山西省劳动保障专职监察员共1 761名，劳动保障兼职监察员291名，协管员、法律监督员477名，各级劳动保障监察机构承担人社领域综合执法任务并提升建制，执法经费列入同级财政预算，劳动监察力量不断壮大。

行风关乎群众切身感受，是打通服务“最后一公里”的关键节点。围绕劳动保障监察行风建设，山西省持续加强监督检查和

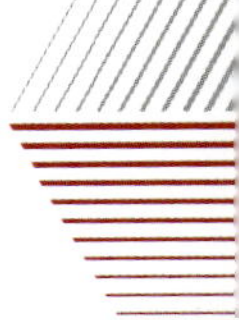

培训指导，每季度对全省劳动保障监察投诉举报接待工作进行抽查，对维权电话接听不及时、首问负责制落实不力的情况予以通报并记入年度考核。

建设工程项目是农民工欠薪问题的“重灾区”。近年来，山西省紧盯这一领域，把全省的建设工程项目作为根治欠薪攻坚战的主战场，从源头上做好防治，多渠道保障农民工工资支付的制度落实、监管落地，为“顽疾”开药方。

不久前，太原市劳动保障监察综合行政执法队迎泽区大队工作人员接到省农民工工资支付监控预警平台推送的一条支付预警信息，反映某在建工程项目未上报 6 月份工资的支付信息，可能存在工资逾期未支付情况。工作人员立即详细查看该项目工资支付情况，发现工资未支付原因是该项目开发商资金紧张，未按照付款节点将工资打入农民工工资专户中。问题不过夜，迎泽区大队立即奔赴项目现场协调，督促建设单位尽快将工资打入农民工工资专户内，同时由施工总包单位和劳务分包单位核定应发 31 人工资近 30 万元，并在两日内将工资拨付到每一位农民工的工资卡中。

数据赋能提高“护薪”效率。如今，山西省建立起横向到边、纵向到底的全口径在建工程项目台账，按月调度，动态更新，做到底数清、情况明。全省 2 808 个工程项目全部录入农民工实名制管理信息系统和农民工工资支付监控预警平台，省、市、县三级数据共享，与全国建筑工人管理服务平台实时对接，实现信息化监管。

“签订了责任书，项目上发生欠薪问题，责任就是我的。”一句承诺，蕴含了山西省人社部门保障劳动者权益的拳拳之心。

近年来，山西省创新“人盯人、人盯项目”方法：县级监管“盯项目”，每个项目都有劳动保障监察和行业部门监管责任人具体负责；市级监管“盯人”，市级责任人对县级责任落实情况进行指导和监督；省级监管“盯全面”，省级责任人对市、县责任落实情况开展抽查检查。从逐个项目建档立卡，到签订工作责任书，再到实名制、农民工工资专户、总承包企业代发工资、工资保证金、维权公示等各项工资支付保障制度全部落实到位。

针尖大的窟窿能漏过斗大的风。为防范化解欠薪可能引发的社会风险，山西省还不断完善预警监控机制，省市县三级人社部门、35 个省直单位的欠薪维权电话，以及全省 137 名劳动监察队长

24 小时耐心值守接待，随时接受维权诉求，农民工投诉有门、维权有道。

的手机号码，全部向社会公布，24 小时全天候接受农民工反映欠薪诉求，并建立欠薪舆情 24 小时监控预警专线，专人筛查涉薪舆情线索。2021 年山西省共监测处置涉薪舆情 657 起，全部迅速核处完毕。

依法严肃查处　高效治欠“护薪”

“你市欠薪问题处置不力，造成不良社会影响，要对该项目立项、规划、招投标、施工许可等方面深入核查，层层厘清责任、追责问责……”这是山西省人社厅负责人在欠薪问题约谈会上对某市市长提出的明确要求。会后 3 日内，该市对 9 名政府监管责任人、7 名企业负责人作出了问责处理，涉事企业被实施经济处罚 60 余万元。不讲情面、敢于黑脸，这是山西省针对欠薪问题问责常态化的缩影。

嘱咐千次，不如曝光一次；动员百遍，不如问责一人。

山西省对拒不落实治欠保支制度、拒不支付工资情节严重的企业，一个不落地在媒体曝光，符合“黑名单”列入条件的一个不落地全部列入。2017 年至今，山西省已向社会公布 992 起重大欠薪案件，将 214 家违法企业及责任人列入失信联合惩戒名单，实施联合惩戒。

2022 年 3 月 1 日，《山西省保障农民工工资支付办法》正式实施，明确欠薪案件当日受理、3 日内清偿；拒不清偿欠薪的，对相关责任人处以 5 000 元以上 1 万元以下罚款；县级政府主要负责人是解决欠薪第一责任人；新开工项目相关部门应在农民工

劳动保障监察人员送法入企、进项目，宣讲《保障农民工工资支付条例》，让农民工安“薪”无忧。

进场 1 个月内完成实地检查。这样的自加压力、自提标准，体现了山西省根治欠薪的担当和决心。

从“人社治欠”到“联合治欠”，山西省建立了根治欠薪行政司法联动机制，实现对欠薪案件“一体化”快速协作办理，有效解决移送难、执行难的问题。

树雷厉风行作风，行果断决绝手段。党的十八大以来，山西省通过一连串“组合拳”，致力打造治欠保支“山西模式”，在国家保障农民工工资支付专项考核中，山西省连续四年获得 A 级优秀成绩。

依法保障劳动者在法治的阳光下劳动，山西省步履铿锵，阔步前行。

（邢泽宇　程晓田）

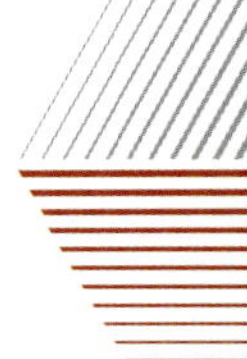

内蒙古：

一个产业带动一方就业

产业兴则就业稳。党的十八大以来，内蒙古自治区人社厅立足区域优势，努力发展具有地方特色的产业，推动就业工作取得扎实成绩。

在内蒙古自治区，奶业是兴区富民的基础产业和优势产业。得益于国家的扶持和自治区的重视以及社会的关注和行业的努力，内蒙古自治区充分发挥奶业生产区优势，近年来全区奶业发展整体底蕴深厚、基础稳固。牛奶产量连续三年大幅增长，成为全国牛奶产量唯一超 500 万吨的省份；百头以上规模养殖比例超过 80%；规模以上乳制品加工企业实现销售收入 934.7 亿元，占全区农畜产品加工业总销售收入的 48.1%。

产业带动就业、就业促进产业，群众致富增收的幸福画卷正在内蒙古大地徐徐展开。

完善上下游产业链
打造第一、第二、第三产业带动就业链条

2012 年，在素有“中国乳都”美誉的内蒙古自治区首府呼和浩特市，一场奶业发展的大幕徐徐拉开。当地将奶牛规模化养殖作为现代农牧业发展的重点项目，以龙头企业、奶联社、合作社和专业化养殖公司为主力，通过招商引资、吸纳社会资金参与等方式，推进千头以上奶牛牧场的建设和经营。

紧接着，2013 年，内蒙古自治区提出打造绿色农畜产品生产加工输出基地，牢固树立发展才是硬道理的战略思想不动摇，紧紧扭住科学发展主题和加快转变经济发展方式主线不松劲，进一步找准发展定位。这对于产业基础扎实、产业低端化特征明显的乳业而言，发展的道路和方向更加明确。

为此，内蒙古自治区党委办公厅、人民政府办公厅发布《关于实施“创业就业工程”的意见》明确了鼓励创业、促进就业的发展目标和具体工作措施。

2021 年，呼和浩特市印发《打造以乳业为核心的绿色食品加工产业集群三年行动方案（2021—2023 年）》，明确要以乳业为核心，带动绿色食品加工产业发展。与此同时，与乳业发展密切相关的草业、种业、生物疫苗等产业也都被列入全市重点发展的六大产业集群，并成为下一步发力的重点。

十年努力换来的是规模化、现代化、全产业链发展的千亿级乳产业集群和诸如伊利、蒙牛、盛健等知名乳业龙头企业。这些

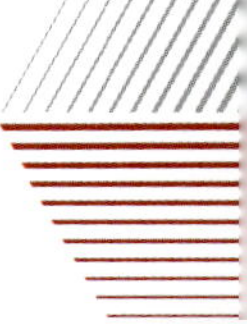

对当地就业的带动效应显而易见。

在蒙牛中国乳业产业园，从草种基地到示范牧场、从标准化生产到全国交易平台，每一条生产线上都有工人在忙碌。

“每年组织 200 余场招聘会，每年有 1 500 余名国内外一流院校本科以上毕业生加入伊利，涉及销售、生产、IT 等多个领域。”内蒙古伊利实业集团股份有限公司执行总裁张剑秋表示。龙头企业对当地的作用并不局限于就业，更重要的是吸纳人才、培养人才，青年人才就业、创业及创新发展一直是伊利这样的龙头企业所高度重视的。该公司已通过内蒙古自治区人社厅备案，可开展 10 个工种的职业技能等级评价。

种植苜蓿草、养殖奶牛、奶罐运输……以龙头企业为带动和辐射，产业链上的每一个生产环节如今都蒸蒸日上，成为地方就业的有力抓手。

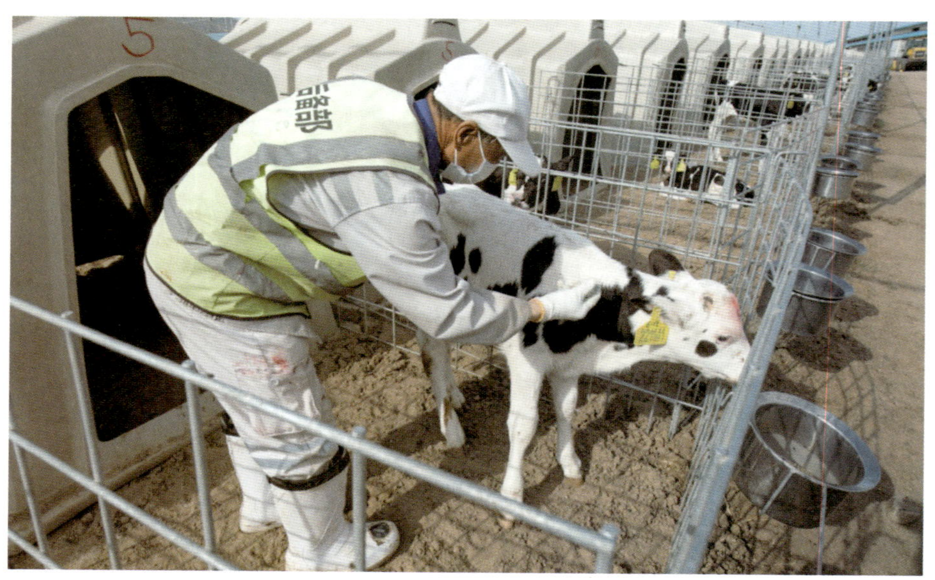

员工正在为牛犊接种疫苗。

民族奶食品产业崛起
带动农牧区城镇居民就业增收

自2000年内蒙古自治区多地陆续提出“传统奶食品走向市场”之后，众多农牧民群众在奶食品产业发展中尝到了甜头。

以锡林郭勒奶酪为主的奶食品，正在由区域产品消费向全国拓展，成长为奶产业重要补充，发展潜力不断被释放。如今，随着人们医疗保健意识增强，以往“小众”的酸马奶、驼奶等产品也越来越受欢迎。

“我这1 312头全是荷斯坦奶牛，每天产15吨原奶。”通辽市扎鲁特旗小黑山奶牛养殖专业合作社也是传统奶制品发展中的受益者。据合作社理事长马喜军介绍，从奶牛养殖到奶制品深加工，至少有35人在饲养员、奶厅工人、技术厂长等多个岗位工作，用不同的专业技术确保合作社正常运转，“工资从每月4 000元到2万元不等，多劳多得，技术好工资高。普通岗位就是普通工资，技术人员挣年薪，大家都是靠本事吃饭。”

近年来，还有更多的城镇失业人员、农村牧区劳动力、返乡高校毕业生、复转军人等，在更加积极的就业政策和财政、税收、金融等政策扶持下，实现了就业创业。特别是一些热恋故乡者，在创业政策的吸引下，背起行囊返乡创业，给家乡带来不少“现代感”。

“80后”额日和木和妻子就在其中。2012年，外出求学工作多年后，夫妻俩回到家乡锡林郭勒盟正蓝旗，创业开了一家奶

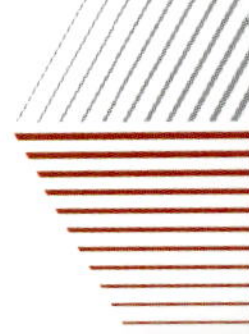

通辽市扎鲁特旗乌兰哈达苏木黄河图嘎查通过酸马奶产业带动牧民就近就地就业增收致富，图为一牧民正在挤马奶。

制品小作坊，在传统奶食品基础上改良出新，目前已开发研制出20余种奶食品。“我们不仅解决了自己的就业，还帮助了周边的人。像其其格阿姨，以前到处打零工，现在在我这边实现了稳定就业。”额日和木说。

新兴业态崛起创造就业新机遇

直播电商相关产业是新的创业模式，也契合年轻人、失业人员和就业困难人员的就业需求，内蒙古自治区各地就直播运营等电商知识进行培训，大力培养一批网红主播和网红品牌，加快推进电商产业高质量发展，促进创业创新。

在内蒙古玛拉沁食品有限公司旗下品牌“安牧态”的奶制品

工厂体验店里，飘着乳香的各式奶制品摆满了车间展厅，绿色、纯正的传统纯手工奶制品在创新的“加持”下，“颜值”和口感更加符合消费者需求。

“我们日加工鲜奶量有 3 000 多斤，通过在传统奶制品的基础上研制特色新产品，提升奶制品口感和‘颜值’。”公司总经理乌云娜介绍。同时，该公司通过开设品牌体验店、线上线下销售等举措，让传统奶制品从地方土特产品“变身”网红食品，走向全国各地。

如今的内蒙古自治区，落实就业优先战略，建立经济发展与促进就业联动机制，通过强化就业优先政策、发展现代产业、支持民营经济等措施，推动形成高质量发展与就业扩容提质的良性互动。

2021 年 9 月，《内蒙古自治区“十四五”人力资源和社会保障事业发展规划》出炉，其中明确提出，要推动实现更加充分更高质量就业。聚焦就业总量压力、就业结构性矛盾等问题，内蒙古自治区提出了强化就业优先政策、完善重点群体就业支持体系、全面提升劳动者就业创业能力、推动创业带动就业、支持多渠道灵活就业、加强农牧民工就业服务保障、健全公共就业创业服务体系等一系列利好政策和服务举措。

这些鼓舞人心的政策措施，让一批又一批追梦人实现了就业创业的梦想，让一个又一个劳动者实现了就业增收的愿望。在产业发展和政策措施的推动下，许多就业创业者实现了人生价值。

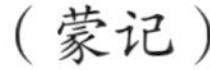
（蒙记）

辽宁：

辽沈大地以稳就业促全面振兴

十年磨一剑，就业谱华章。在习近平新时代中国特色社会主义思想指引下，有“共和国工业长子”之称的辽宁省锚定高质量发展方向不动摇，一场蝶变在辽沈大地悄然上演。

党的十八大以来，习近平总书记两次到辽宁省考察，多次就东北振兴特别是辽宁振兴发展发表重要讲话、作出重要指示，为辽宁省全面振兴把脉指路、谋划未来。

东风浩荡，潮涌辽沈。4 300 万辽沈人民牢记习近平总书记的嘱托，以重振雄风的胆魄和撸起袖子加油干的恒心，正一步一个脚印地迈出全面振兴的坚实脚步。

全方位振兴的基石是人民安居乐业，就业是民生之本，一头连着经济发展，一头连着百姓福祉。

辽宁省坚持实施就业优先战略和积极就业政策，统筹推进岗位开发、供需对接、创业扶持、技能培训、就业援助、公共服务，努力推动实现更加充分更高质量就业。一组组数据就如同一串串美丽的音符，奏出了促就业工作的铿锵之音。2013 年以来：

就业形势保持总体稳定，全省城镇新增就业累计 445.6 万人，城镇登记失业率始终控制在年度控制目标以内，零就业家庭动态清零；

应届高校毕业生就业率节节攀升，全省线上线下年均提供就业岗位超过 50 万个，每年全省高校毕业生总体就业率均达 90% 以上；

双创蓬勃发展，全省扶持创业带头人 13.7 万人，带动就业 82.6 万人。

奋楫争先　实现更加充分更高质量就业

“就业是永恒的课题，更是世界性难题，我国每年新增 1 000 多万就业人口，必须大力促进就业创业。”2013 年 8 月，习近平总书记在沈阳多福社区的座谈会上强调。

就业是最大的民生工程、民心工程、根基工程。当今世界正经历百年未有之大变局，全球经济持续低迷、贸易保护主义抬头、经济全球化遭遇逆流，叠加新冠肺炎疫情持续冲击，改革发展稳定任务艰巨繁重。

在此宏观背景下，辽宁省全力以赴破难题、增活力、蹚新路，大力实施就业优先战略：

建立覆盖全体劳动者的就业创业政策体系，推动经济社会发展拉动就业，强化政府政策措施稳定就业，激发市场主体活力扩大就业，积极推动创业带动就业，突出抓好高校毕业生等青年群体就业创业，盯紧下岗失业人员、农民工等重点群体就业，从岗

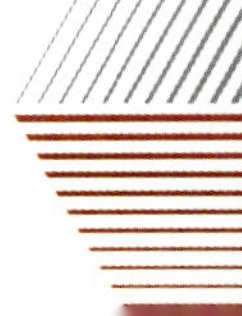

位开发、供需对接、援企稳岗、创业扶持、技能培训、就业援助、失业预防等方面综合施策，持续推进均等化公共就业服务，逐步完善劳动力和人才社会性流动体制机制，全省就业结构不断优化，就业质量显著提高。

辽宁省人社厅厅长李安财说：“我们人社部门把保障企业发展、促进居民就业作为头等大事来抓，不断创新工作措施，用心解决企业用工和群众就业难题。”最是情怀动人心，最是笃行励初心。辽宁省人社干部心系群众就业，用实实在在的政策措施为群众服务。

“我们恒华贷款 1 400 万元，国际硼合金贷款 1 500 万元，惠海塑业贷款 200 万元。有了这笔资金，我们企业的燃眉之急就迎刃而解了。”2022 年 6 月 2 日，在辽阳经济开发区政企银对接会上，刚刚与辽东农商银行签订完贷款意向书的辽宁恒华电梯部件有限公司董事长乔恒吉抑制不住内心的激动。

近年来，辽阳市从落实税收优惠政策、降低企业经营成本、加大金融支持力度、保护企业知识产权、帮助企业解决痛点问题和积极优化营商环境等方面入手，出台一系列助企纾困组合政策。2022 年，辽阳市又出台了帮助中小微企业和个体工商户纾困 15 条措施，将“六税两费”减免政策适用范围扩展至小型微利企业和个体工商户，进一步助企发展。

得知中德电缆等 10 家企业因扩大生产，出现用工缺口，为增强求职者就业体验，铁岭县人社部门开启“就业直通车”，以求职者视角进厂区、进车间，同企业负责人现场互动，帮助求职者详细了解工作内容、工资待遇以及各项福利，让求职者仿佛身临其境，实现人岗精准对接，顺利帮助企业完成180余人的招工计划。

数字和事实永远最有说服力。新冠肺炎疫情发生以来，辽宁省人社厅打出降成本、稳岗位、扩就业组合拳，全省阶段性减免社会保险费 335.6 亿元，为 37.8 万户次企业核发失业保险稳岗返还资金 71.6 亿元、稳定岗位 1 034.3 万个次，建立重点企业重大项目用工保障、农民工返岗复工“点对点”服务保障等机制，保住了市场主体，在非常时期实现了就业局势总体稳定。

勇立潮头　助力青年扬帆起航

就业创业，是大学生逐梦青春、成就未来的起点。

习近平总书记一直关注大学生就业。“当代大学生志存高远、脚踏实地，转变择业观念，坚持从实际出发，勇于到基层一线和艰苦地方去，把人生的路一步步走稳走实，善于在平凡岗位上创造不平凡的业绩。”他这样勉励当代大学生。

2022 年 7 月 17 日，辽宁省启动高校毕业生等青年群体就业“双百日”攻坚行动。参加招聘会的应届毕业生邸丽园高兴地说:“在今天的招聘会上，我找到 3 家心仪的公司，最后确定了鞍山市一家公司的销售岗位，工资待遇在我的预想范围内，我想从基层一线销售做起，磨砺一下自己。”

“高校毕业生就业的背后，一边是每个家庭的殷切期盼，另一边则关系着社会和谐稳定。”辽宁省人社厅副厅长吴松这样说。

知责于心，担责于身，履责于行。辽宁省始终将促进以高校

毕业生为主的青年群体就业摆在就业工作首位，主动靠前服务，加快促进高校毕业生就业创业各项优惠支持政策落实，优化不断线服务，助力青年扬帆起航：

建立岗位信息联动网络、校企对接、就业创业服务等平台，推进人岗对接、创业引领、能力提升、就业援助等工程；

实施高校毕业生就业创业促进、创业引领、就业见习、“三支一扶”等计划；

在全国领先开展离校未就业高校毕业生专业转换及技能提升培训工作；

2020 年 4 月，辽宁省人社厅开展的“心系辽宁、情注家乡”离校未就业暨 2020 年暑假返乡高校毕业生招聘活动现场。

积极储备开发适合毕业生的就业岗位，密集开展供需对接，实施“百校千企对接”“走进江苏，走进校园”“清华北大学子辽宁行”等招聘活动……

党的十八大以来，全省历年高校毕业生总体就业率保持在90%以上。

凝心聚力　为就业困难群体排忧解难

在沈阳市沈河区大南街道多福社区广场上，有一副正念倒念都一样的“回文联”：“多福人人人福多，顺心事事事心顺。”不远处是聚福亭、迎福墙……社区多“福”，居民福多。“党和政府关心，咱自己也要努力，把日子过得好好的。”66岁的社区居民朱彤经历过下岗再就业，现在每月养老金近4 000元。

民生无小事，枝叶总关情，党和政府始终关注就业困难群体。十年攻坚克难，唯有勇毅笃行。辽宁省始终坚持保基本、保底线、保民生原则，完善就业援助措施，鼓励企业吸纳就业，加强公益性岗位安置、社会政策托底。

桓仁满族自治县古城镇新江村村民周丽娜家里传来阵阵说笑声，十几位妇女正坐在炕上制作手工花。为她们搭建手工花制作平台的，是新江村村民郝维娜。她与县里一家外贸企业展开合作，带动周边20多名妇女在农闲时节“忙”起来。

“最开始，我们一次订700枝手工花的货，现在一次得订1 000多枝。”郝维娜笑着说。一旁的周丽娜插话道：“我们已经做了一年多的手工花了，做得越来越顺手，我现在一个月能挣

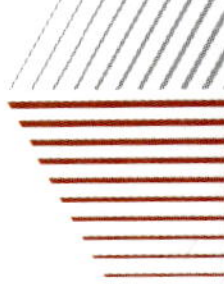

将近 1 500 块钱呢！”郝维娜带领姐妹们编织着自己的致富梦想。

辽宁省人社部门发扬“拼抢争实”的工作作风，扑下身子，真抓实干。省人社厅就业促进处处长闵初旭说：“我们要求就业干部少在屋里‘坐而论道’，多到基层‘解剖麻雀’，不仅要综合施策解决长期性矛盾和困难，还要系统谋划解决新情况新问题。”辽宁省坚持市场化社会化就业与政府托底帮扶相结合，连续两年将“帮助 6 万名就业困难人员实现就业”写入政府工作报告“十大民生实事”，确保零就业家庭动态清零。对脱贫人口、残疾人等困难群体，积极开展就业援助，帮助他们就业增收，保障好困难群众基本生活。

十年来，辽宁省人社部门帮助 72.3 万就业困难人员、505.9 万失业人员就业，零就业家庭动态清零。同时，加大就业扶贫力

2022 年“辽宁省就业帮扶系列活动桓仁专场招聘会”启动。

2020 年 3 月 12 日，大连市“复产定制返岗航班”从贵州省六盘水市抵达大连周水子国际机场，打通了东西部劳务协作空中通道。

度，全省贫困劳动力就业帮扶政策享受率、有就业意愿的贫困劳动力就业率、有就业意愿的建档立卡贫困家庭毕业生就业率均达到 100%。

回顾过往，落地生根，硕果累累；展望未来，百尺竿头，更进一步。站在历史的新起点，辽宁省人社部门以高度的政治责任感和强烈的担当精神，顶住压力、保持定力、锐意进取、埋头苦干，在实现更加充分更高质量就业的征程上奋力攀登。

（李小彤　刘国耀）

吉林：

在白山松水撑起工伤保护伞

巍峨长白山，浩荡松花江，广袤松辽平原。盛夏吉林，处处好山好水好田园景象。

党的十八大以来，吉林省大力完善工伤保险制度，从探索调剂金模式省级统筹，再到实施基金统收统支省级统筹制度，逐步建立完善“1 + 14”制度政策体系，有效提升工伤保险基金统筹使用能力，增强工伤保险制度互济性和可持续性，为巩固工伤保险省级统筹闯出一条新路。

非凡十年，白山松水再启新程；非凡十年，是吉林省工伤保险开拓进取的十年。

从调剂金模式到统收统支模式

工伤保险基金省级统筹是工伤保险制度的重要内容，是增强基金抗风险能力的重要举措。

“早在 2012 年，吉林省出台了《工伤保险省级调剂金管理暂行办法》，并于 2016 年修订，建立工伤保险省级调剂金制度，基本实现调剂金模式省级统筹。”吉林省人社厅副厅长赵春林介绍。

省级调剂金在基金共济、弥补统筹地区基金缺口方面发挥一定作用，但调剂能力有限。

“虽然全省调剂基金支付能力比较强，但是统筹地区基金缺口分担不均衡，无力彻底解决基金缺口问题。”吉林省人社厅工伤保险处处长姜铁民表示。

由于基金不能充分共济，吉林省内各地基金支撑能力不均衡，参保缴费等政策不统一，导致参保单位缴费负担不公平，越是经济发展滞后地区参保单位缴费负担越重。2019 年，临江市、通化县等县市基金支撑能力较差，2020 年受新冠肺炎疫情影响，基金收不抵支的县市增多。

此外，由于财政省管县体制制约，市级财政无法承担县级基金缺口垫付义务，部分地区市级统筹未做实，只能使用市级调剂金或储备金弥补县级部分缺口，一些县市基金长期在收不抵支的状态下运行。

“从省级调剂金模式 8 年运行情况来看，必须建立工伤保险基金统收统支省级统筹制度，实行基金全省共用、风险全省共担。建立工伤保险基金统收统支省级统筹制度，既是工伤保险制度改革的明确要求，也是提高基金整体抗风险能力、确保工伤人员待遇按时足额发放的迫切需要。”赵春林说。

全省一盘棋　不让一个地方掉队

党的十九大报告指出要完善工伤保险制度。2017 年 6 月，

人社部、财政部联合印发《关于工伤保险基金省级统筹的指导意见》，标志着工伤保险基金省级统筹全面推开。

在人社部提出省级统筹工作要求后，吉林省及时开展相关工作，深入省内各市州调研，谋划制度设计。

2019 年，吉林省正式提出“加快推进工伤保险省级统筹，实现基金统收统支”任务目标，确保工伤保险全省一盘棋，不让一个地方掉队。

2020 年 11 月，党的十九届五中全会审议通过的《中共中央关于制定国民经济和社会发展第十四个五年规划和二〇三五年远景目标的建议》，明确推动工伤保险省级统筹。

2020 年 12 月，《吉林省人民政府关于建立工伤保险基金统收统支省级统筹制度的实施意见》（以下简称《实施意见》）正式出台。作为省级统筹制度总体文件，《实施意见》明确规定，2021 年 7 月 1 日启动实施工伤保险基金统收统支省级统筹制度。

2021 年，工伤保险基金统收统支省级统筹工作列入吉林省深化改革任务台账和省政府重点工作目标责任制，相继出台 14 个配套政策文件。

“在制度设计过程中，人社部门反复沟通协调财政等部门，制定任务分工方案，确定统收统支省级统筹路线；积极争取省委省政府支持，抓住关键因素，一步到位。”姜铁民表示，“主体文件以及分担机制、考核奖惩办法以省政府或省政府办公厅文件出台，政策层级高，落实效果好。”

“《实施意见》是核心，最开始只有 8 个配套政策文件，为增加制度可操作性，先增至 10 个，再增至 12 个，最终定型为‘1 + 14’制度政策体系。”吉林省人社厅工伤保险处一级调研员郎振敏说，“14 个配套政策文件规格很高，先征集财政、税务部门意见，再通过司法部门合法性审查，最后在吉林省政府常务会议一次性‘打包’通过。”

《实施意见》及 14 个配套政策文件构成完整的制度政策体系，特别是统一各项政策标准，实现参保缴费、服务规程、待遇标准公平统一；统一基金收支管理，实行工伤保险基金全省统收统支；完善经办管理系统，实现全省经办管理服务规程、监管监督一体化。

至此，吉林省工伤保险基金统收统支省级统筹“1 + 14”制度政策体系正式建立。

“制度设计突出基金统收统支这一核心，配套政策涵盖工伤保险各阶段各环节，实现省级统筹制度运行各环节的全覆盖和对省级统筹的全链条管理。”郎振敏说。

“1 + 14”制度政策体系系统规范预算编制、基金归集、责任分担、监控考核、业务流程等各项工作，实现基金管理、参保范围和对象、费率政策和缴费标准、工伤认定和劳动能力鉴定办法、待遇支付标准、经办流程和信息系统全省统一。

“1 + 14”制度政策体系全方位提升工伤保险基金省级统筹制度的系统性、约束性和可操作性，为推动吉林省工伤保险事业科学健康可持续发展奠定了坚实基础。

统筹层级提升　管理服务下沉

“工伤发生之后，工伤部门积极联系公交集团调查取证，在各项材料准备完毕后，短短几天内就完成工伤认定，并及时报销相关医疗费用，是工伤保险为我重新撑起一片天。”吉林市城市公共交通集团有限公司第六分公司正在休养的工伤职工李海说。

吉林省工伤保险省级统筹坚持统一制度、职责明晰、统调结合，切实做到“统筹层级提升，管理服务下沉”，有效提升基金共济、统筹使用能力。

“工伤保险费率下调后，一下就节省了 588 万元；对企业来说，这就是‘真金白银’。”吉林化纤集团应急管理部部长刘丽楠说。

辽源市人社局志愿者深入业务大厅为办事人员提供业务咨询、帮办等服务。

2018 年以来，吉林省逐年落实国家降费政策，预计本轮降费政策累计为全省企业减负 22.3 亿元，助力企业纾困解压。

吉林省协调推进工伤预防与省级统筹，有效降低工伤事故发生率。吉林省建立工伤预防联席会议制度，出台《吉林省工伤预防费使用管理暂行办法》《吉林省工伤预防五年行动计划（2021—2025 年）实施方案》等政策，成立工伤预防专家库，危险化学品工伤预防能力提升培训工程有效落实。

“新冠肺炎疫情防控期间，单位通过电话向工伤部门上报工伤事故，进行线上备案。工伤部门还第一时间协调定点医疗机构，让我顺利入院，及时得到救治。”在吉林碳素有限公司焙烧分厂，手腕骨折的工伤职工邹洪涛表示，“工伤部门还迅速为我进行工伤认定，并报销相关医疗费用。”

党的十八大以来，吉林省不断健全工伤认定和劳动能力鉴定工作机制。2018 年，按照“放管服”改革工作要求，吉林省省级工伤认定和劳动能力鉴定权力下放至市（州），业务办理更加便利。

“充分发挥劳动能力鉴定委员会职能作用，加强鉴定专家队伍建设，确保鉴定程序客观公正。”姜铁民说。

新冠肺炎疫情防控期间，吉林省还建立省市县纵向联动机制，指导各地推行不见面工伤认定服务，通过网络收集工伤认定材料，简化认定程序，做到快认快结快付。

健全新开工工程项目参加工伤保险工作机制。吉林省建立人社、住建、应急管理等部门协商议事、联合督导机制，各地由人社部门牵头，行业主管部门、应急管理部门、工会组织配合，将

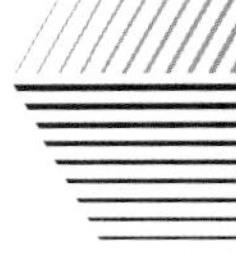

参加工伤保险作为申请开工许可证的前置条件，新开工工程项目参保率逐年保持 90%以上，有效保障了农民工群体权益。

吉林省连续十年提高工伤保险待遇标准。党的十八大以来，吉林省工伤保险平均伤残津贴由每月 1 689 元提至 2 907 元，平均供养亲属抚恤金由每月 932 元提至 1 475 元，平均生活护理费由 1 158 元提至 2 290 元，工伤职工生活水平得到大幅提高。

实施工伤保险省级统筹有利于建立更加公平、更可持续发展的工伤保险制度体系，有利于更好保障工伤职工合法权益。下一步，吉林省人社部门将做好政策宣传贯彻，营造良好舆论氛围；做好

长春市人社局工伤保险处工作人员正在审核用人单位申报的工伤认定材料。

政策衔接，确保政策的连续性和一致性；做好便民化工作，切实便利用人单位和工伤职工的办事需求，提高人民群众的幸福感和获得感。

（游翀）

黑龙江：

龙江之畔，人社行风风清气正

白山黑水，美丽龙江。

广袤丰饶的黑龙江省，位于祖国最北方、最东方，不仅风光秀丽，而且资源丰富，是我国重要的商品粮生产基地、重大装备制造基地、能源及原材料基地。

进入新世纪之后，特别是党的十八大以来，黑龙江省各项社会事业繁荣发展，事关民生的人社惠民政策密集出台，人社系统行风建设也在这一时期再上新台阶，群众满意度不断提高。尤其是在新冠肺炎疫情防控期间各行各业发展遇到困难的时期，黑龙江省人社系统行风建设起到了聚民心、暖人心、增信心的巨大作用。

走流程　找痛点、堵点、盲点

2022 年 7 月初，大庆市多个社保经办服务大厅迎来了一位特殊的办事人员。

在大庆市高新技术开发区社保经办服务大厅，他与办事群众张某一起现场办理了社保关系转移接续业务；在大庆市社保经办服务大厅，他又随同办事群众通过政务服务网站线上申报了多项社保业务。

办理过程中，这位办事人员发现线上服务在功能上适应老龄人还有待改善，于是立即与相关部门沟通联系，推动解决了“银发一族”“独居老人”线上办理业务不便利等问题，为办事人员提供方便高效的服务。

服务上门，行动不便老人领取养老金认证实现零跑腿。

这位和大家一起“办业务”的办事人员是黑龙江省人社厅党组成员、社保中心主任于占淮，这是他落实该省开展常态化“走流程”现场调研的工作日常。

火车跑得快，全靠车头带。人社系统行风建设要想风清气正聚民心，必须要高位推进。为此，黑龙江省人社部门唱响“人社工作为人民”的主旋律，坚持作风与行风一起抓，于 2020 年、2021 年连续两年在全系统开展经办服务机构服务质量提升攻坚行动，全系统百名厅（局）长“走流程”、百名科长“坐窗口”，以办事群众角度全程体验办事流程，切实找准经办服务痛点、堵点、盲点，并有针对性地加以解决。

“走流程”过程中，黑龙江省人社系统各级领导把重点放在发现真问题、提出整改建议上，体现出求真务实的工作作风。

针对“走流程”过程中发现的问题，黑龙江省人社厅提出完善社保管理体系和服务网络，以数字化转型和信息化技术为抓手，将社保服务从线下向线上平台延伸、从上层平台向基层平台延伸、从社保经办机构向社会多维度延伸。

“通过‘走流程’活动，切实发现了之前坐办公室没有发现的问题。把它融入日常工作，坚持‘向前一步’为民服务，就可以进一步消除痛点、疏通堵点、攻克盲点，真正让政策和服务落地生效、惠及民生。”于占淮说。

网上办　减环节、材料、时限

“本来还打算让我女儿这周开车带我去市里社保经办服务大厅办理，现在不用了，在家门口就能办好养老保险相关业务，前前后后都没用上五分钟。”日前，鸡西市“社保快办行动”让家住滴道区白云社区的韩女士感受到了前所未有的便利。

群众难点就是改革发力点，群众痛点就是创新重点。鸡西市的“社保快办行动”是黑龙江省社保中心着力推进“互联网＋人社”

行动和信息化便民创新提升行动的一个缩影。

目前，黑龙江省社保业务全面实施“网上办”服务，在线上与企业和群众形成了良性互动，办结时限在法定或规定的基础上普遍提速 50%，群众办事满意度不断提升，“不求人、网上办”的办事方式渐成常态。

齐齐哈尔市铁锋区人社部门以“减”字当先，按照“减环节、减材料、减时限”的要求，聚焦办理退休业务中的“堵点、痛点、盲点”精准发力，积极推进审批流程再造。

“一方面取消了现场指纹录入和影像采集，另一方面将申请材料由原有的 6 份缩减至 2 份，退休申报人员只需携带身份证、档案保管手册两个要件到社保综合窗口进行业务申报即可。”铁锋区人社局相关工作人员介绍说。

“通过推动全系统优化经办流程、压减证明材料、压缩办结时间，目前，我厅 174 项政务服务事项平均压缩了 0.44 天，113 个事项实现跑一次，占比 66%；市级 233 项政务服务事项平均压缩了 4 天，102 个事项实现跑一次，占比 44%。”黑龙江省人社厅相关工作人员介绍说。

针对新冠肺炎疫情防控期间业务经办面临的特殊情况，黑龙江省人社部门出台“不见面、网上办，有咨询、请致电，非必要、不窗口”等服务举措，28 项高频业务网上“一站式”办结。

“今天我来查询自己的养老金，专门的通道办事非常快，工作人员耐心讲解如何使用手机办理，以后在家就能查，太方便了。”到黑龙江省社保经办服务大厅办理业务的李建国老人感慨地说，

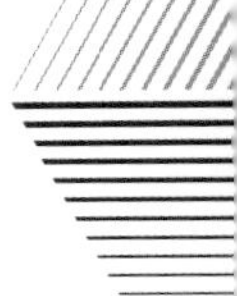

哈尔滨市社保中心在全省范围内率先实施全程“零跑路”远程视频劳动能力鉴定。

他为工作人员的暖心服务点赞。

黑龙江省社保中心针对老年群体办事需求，坚持传统服务与智能化服务创新并行，开辟专门的绿色服务通道，安排专人引导咨询、帮办代办，优化设施布局，完善配备老花镜、医药箱等便民器材，为老年人提供周到暖心的服务。

2022 年 7 月 15 日，黑龙江省人防工程管理中心的沈艳波获得了档案管理专业的初级职称，与以往不同，她的证书是电子版的。这是今年黑龙江省人社厅推行“一件事”改革的一个具体举措——在全省探索试行电子职称资格证书。

改革的细部映照出黑龙江省人社部门在行风建设中便民服务机制改革的轮廓，一场自上而下的便民服务机制改革正在徐徐展开。

在鸡西市，“送政策、送岗位、送技能、送资金、送信息”就业“五送”活动已成为常态；

在绥化市，人才政策“金十条”出台，大大增强了企业吸引人才、留住人才的信心；

在省人社厅，各项业务完成情况成为检验“能力作风建设年”活动成效的重要标尺；

在繁华社区和广袤的田野乡村，省市县三级 1 405 名人社专员组成的在微笑服务……

大练兵　增本领、信心、劲头

“今年的练兵比武活动时间跨度长、学习环节多、要求标准高，因疫情影响，组织开展的难度很大。希望你们克服困难，接续用力，保持住好势头，用行动彰显全省人社系统党员干部奋勇争先的良好风采，用实力为黑龙江人社赢得荣誉，让练兵比武激励我们奋勇前行！”

2020 年 6 月，一封黑龙江省人社厅党组发给各地市人社局局长的信，振奋了全省人社系统的干部职工。

“练兵比武强技能、人社服务树新风”。黑龙江省人社系统在行风建设中通过深入开展窗口单位业务技能练兵比武活动，努力打造政治过硬、业务精湛、作风优良、服务有力的高素质人社干部队伍。

为充分体现高位推动此项工作的决心，黑龙江省成立以省人社厅主要领导为组长的工作专班，全面统筹推进练兵比武活动，

2021年6月24日，鸡西市举行“学党史·强业务　劳动保障协理员岗位大练兵大比武”知识竞赛和“我为群众办实事”主题演讲总决赛。

以人社厅党组名义向13个地市人社局局长发出《练兵比武一封信》，形成了高点启动、上下联动、一贯到底的强劲态势。

高度重视换来优异成绩：2021年，黑龙江省荣获全国人社系统练兵比武统一在线比试团体第4名、总决赛第5名，6名同志荣获全国“人社知识通”称号；自2019年以来，黑龙江省已累计培养全国“人社知识通”9名，占全国总数的9.5%，通过全省赛培养选拔了55名全省“人社知识通”。

比赛是为了推动全系统经办业务能力的提高，黑龙江省人社部门在大练兵中特别注重练兵比武的常态常效化，着眼于抓长远效果，着眼于推动窗口工作人员熟悉政策、深耕业务、苦练内功、转变作风，着眼于让群众受益、使群众满意。

“我们将县级窗口单位工作人员开展练兵比武活动作为重点，

带动基层服务水平全面提升，一线窗口经办人员参加业务培训率达 100%。”黑龙江省人社厅行风办相关负责人说。

“少数人的力量毕竟有限，做好行风建设工作，需要我们每个人的努力。”全国“人社知识通”赵佳欣说，“我将用我小小的光和热，点亮身边的同志，温暖更多的群众。”

“最直接的收获是融汇了人社更多板块的业务知识，打破了原有的认识局限，业务能力和服务群众水平得到了提升，我能够更加从容地应对每一起案件，调解成功率明显提升，庭审调查更有针对性，裁决论述更有说服力。”全国“人社知识通”许靖说。

黑龙江省人社系统在练兵比武活动中牢固树立“练兵比武建擂台、成长进步有平台”的鲜明导向。据悉，全省人社系统目前已有 40 余名技术能手被提拔使用。大庆市人社系统参加练兵比武荣获国家、省级表彰的 23 人中，有 14 人已获得提拔晋升，其中有 10 人直接提拔为副科级实职。

为人民服务，永远在路上。黑龙江省人社系统行风建设，将在不断突破、不断超越、不断进取的路上奋力前行，永不停歇。

（王永）

上海：

全力守“沪”劳动者权益

2022 年上半年，经受了一波新冠肺炎疫情的严峻考验后，我国的经济中心城市“东方明珠”上海正重拾她原有的繁荣与喧嚣。

这里是中国共产党的诞生地，伟大建党精神的孕育地；这里有中国第一个自贸区，是中国更高层次推进改革开放的“排头兵”；这里有黄浦江、苏州河的生活秀带，人民享有幸福美好的生活。

党的十八大以来，习近平总书记五次到上海市考察，作出一系列重要指示，为上海市擘画新蓝图：“勇于挑最重的担子、啃最难啃的骨头，发挥开路先锋、示范引领、突破攻坚的作用。”

上海市人社部门时刻牢记习近平总书记殷殷嘱托，坚定践行新发展理念，争做全国创新发展的先行者。通过把握劳动监察、调解仲裁两大抓手，创新执法方式，夯实组织基础，让更多劳动争议化解在基层和萌芽状态，维护劳动者的合法权益。

高位推动　实现清欠保障“全跟踪”

在洋山港，满载的巨轮来回穿梭，装卸着各式各样的货品；

在虹桥商务区内，多个跨国企业“落沪”打造总部经济；张江科学城里，高新企业不断增多，科技型人才纷至沓来……

十年来，上海市经济不断发展，国际科技创新中心形成基本框架。伴随着经济社会不断发展，为解决同样处于动态变化中的劳动纠纷问题，劳动监察工作步入全新阶段：权责统一、权威高效的执法体制日益完善，全流程闭环案件管理模式探索打造形成，劳动监察正逐步转型为集欠薪预警体系、查处监管、信用监管、协同治理、托底保障为一体的人社全领域综合执法。

“执法过程全记录开始落实，监审分离制度不断优化。监察部门适时调整执法自由裁量规则，‘一口受理’渠道、行政执法公示制度和劳动保障信用评价体系均得到深入拓展。”有着近 20 年人社执法经验的长宁区人社局执法大队监察二科科长周恋叶谈到十年来的变化时说。

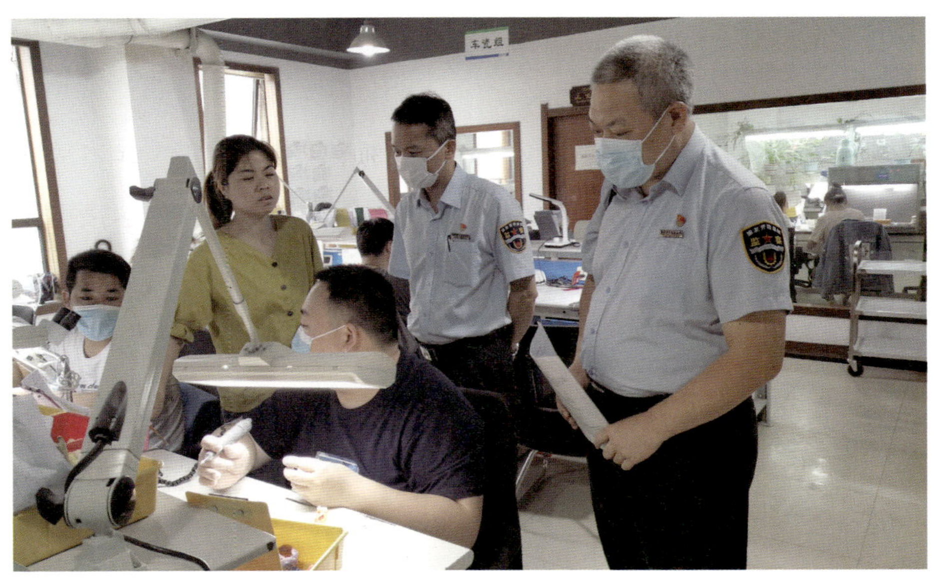

上海市劳动监察部门到企业进行日常巡查。

由上海市委、市政府主要领导亲自部署，上海市各级劳动保障监察机构以完善工资支付制度为核心，以各项法律制度为抓手，始终坚持标本兼治、综合治理。

在治理依据上，实现了由分散零碎到系统完备的转变。十年来，以保障农民工工资支付制度为核心的各类法律制度措施逐渐在上海市落地生根，信用监管制度取得从无到有的重大突破，为依法开展劳动者合法权益维护奠定了制度基础。

在治理模式上，实现了由集中整治到长效监管的转变。十年来，上海市把根治欠薪工作作为推动劳动保障监察执法效能提升的重要抓手，利用人社数字化转型赋能劳动保障监察执法工作，探索新时代超大型城市欠薪治理的新模式，改变了以往“铁路警察各管一段”的局面，长效监管、系统治理的格局基本形成。

在治理手段上，实现了由缺乏刚性到惩处有力的转变。《保障农民工工资支付条例》颁布实施后，上海市在工作中借助“全国根治欠薪线索反映平台”，综合运用约谈问责等手段，进一步压实相关单位、负责人的主体责任，确保事有人干、责有人负。截至 2022 年 7 月 31 日，收到平台线索案件 48 674 件，按期接收率与办结率均达 100%，办结案件涉及人数约 3.59 万人、金额约 4.14 亿元。十年来，上海市劳动监察案件查实率从 23.11%提高到 51.09%，全市举报投诉按期结案率达到 100%，欠薪矛盾得到及时妥善解决。与此同时，精准执法效能稳步提升，既减少了对守法企业的频繁执法，优化了营商环境，又节约了执法资源。

“人社部门很暖心，很尽责！”在长宁区华阳路街道项目工作的小董动情地说。经历过“讨薪”事件的他，对未来的生活有了更足的信心：“政府的支持，让我更有底气留下来拼搏。”

下沉重心　引导先行调解“全覆盖”

曾几何时，劳动争议当事人习惯直接申请仲裁，造成劳动者与用人单位之间的矛盾直面刚性法律。为更好地发挥调解在劳动争议化解过程中的基础性作用，柔性处理争议，上海市自 2015 年起开展全面引导先行调解工作，将更多矛盾纠纷化解在基层、化解在萌芽状态。

“劳动者与用人单位发生劳动人事争议后，先到用人单位所在地的街镇调解组织申请调解，调解成功的，由调解组织出具调解协议书并监督履行，确保案结事了；调解不成的或缺乏调解基础的，由调解组织代收仲裁申请书，或仲裁机构接待窗口前移至调解组织，避免当事人的往返奔波。”关于先行调解，上海市人社局仲裁处副处长张萍介绍说。

此外，上海市还成立联合调解中心，引入社会力量，采取街镇上门、多元服务等多种形式引导先行调解。

先行调解的成功，离不开基层调解组织的夯实。2013 年起，上海市着力强化基层调解工作，重点从机构、人员、经费、场所、制度等方面，对夯实街镇专业性劳动争议调解组织工作基础提出明确要求。十年间，上海市已实现 200 余个基层调解组织全覆盖，全市基层调解组织覆盖率达 100%。

“越来越多基层调解组织成立，让我们能够更及时、便捷地

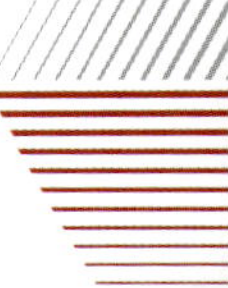

上海市自2015年起开展全面引导先行调解工作，将更多矛盾纠纷化解在基层、化解在萌芽状态。图为调解员在调解中做好双方当事人工作，引导双方互谅互让解决纠纷。

处理劳动关系纠纷，使调解关口前移，构建劳动争议多元化解格局。”嘉定工业区调解中心主任陈静说，“基层调解组织每周一次的企业旁听，也能让企业增强法治意识，避免类似劳动争议的发生。”现在，上海市已形成以基层调解组织为主，企业、行业等调解组织为辅，社会力量共同参与的多元化劳动争议调解组织体系。

先行调解的成功，离不开组建一支多层次、立体化的调解仲裁队伍。“人社部门每年对调解员至少有一次培训，让调解员的业务水平得到提升，对政策的把控更牢更准。”有着14年从业经历、调解近4 000起纠纷的调解员罗仙永说。当前，全上海市共有基层调解员 1 500 余人，绝大部分街镇配备了不少于两名专职调解员，所有基层调解组织均保证有固定或独立场所。

先行调解的成功，离不开示范提质地先行创新。在有着“国家创新发展战略重要承载地”之称的浦东新区张江镇，调解、仲裁、起诉、审理、执行“五位一体”的劳动维权全流程一口式办理机制在全国首开先河。“这样的新机制，实现了劳动争议处置阶段的全流程服务、全闭环打通，联动基层将区域内部矛盾化解，有助于维护劳动关系和谐稳定。”浦东新区张江镇社区事务受理服务中心副主任阮思楠说。

十年来，上海市通过着力下沉劳动争议调解工作重心，着重落实街镇化解劳动争议的主体责任，使专业性调解工作的实效得到充分发挥，本市劳动争议调解、仲裁、诉讼案件数量构成的形态由原本的“梭形”转变为较为理想的“三角形”。据统计，近年来上海市调解仲裁机构年度受理案件总量从 2016 年的 12.32 万件增长至 2021 年的 15.86 万件，先行调解案件占比从 2016 年的 49.50%提升至 2021 年的 63.08%。

以人民为中心　提供“全周期”服务

2022 年 3 月，一场突如其来的新冠肺炎疫情席卷上海。在这场疫情防控阻击战中，为稳妥化解因受疫情影响而引发的劳动争议纠纷，上海市各级劳动保障监察机构和劳动人事仲裁机构多措并举，为劳动者提供全周期的执法维权服务。

上海市各级劳动保障监察机构成立工作专班与应急执法队伍，

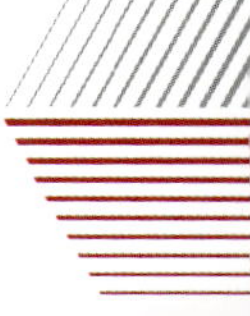

化解涉方舱医院、隔离点用工纠纷，全力应对“疫后综合征”。上海市劳动人事争议仲裁院迅速组建一支由仲裁员骨干、新进年轻干部、兼职调解员等为主的线上服务队伍，全力投身到特殊时期的劳动纠纷处置中。

“我在疫情防控期间居家办公全勤，但工资却少发了很多，单位只给我发了 70% 的岗位工资，还扣除了我的餐补、交通补贴。”2022 年 4 月，张女士拿到工资后，便在线申请调解要求某外贸公司支付全额工资。在公司补充说明变更张女士薪资的原因后，考虑到疫情防控期间，外贸公司的业务与日常经营受到影响，上海市劳动人事争议仲裁院进行了充分的政策释明，最终张女士撤回了要求餐补和交通补贴的主张，公司同意补足岗位工资差额。双方就相关争议达成了一致，为这场争议画上了圆满的句号。

这样的“全周期服务”，贯穿在劳动监察、劳动仲裁服务的

上海市劳动监察部门进企开展农民工工资支付工作情况检查。

全过程中。从疫情防控期间监察机构火速进驻方舱，点对点排摸处置用工纠纷，到仲裁院实现在线服务“24 小时不打烊”，畅通劳动者维权渠道，不变的是为人民服务的底色。

“一线执法 17 年，我感受到最明显的变化是，近年来开展的根治欠薪冬季专项行动中，农民工欠薪占比越来越低，欠薪矛盾妥善解决率越来越高。”上海市人社局执法总队一支队支队长俞寿好说。以人民为中心，欠薪治理的工作更实，执法队伍的担当也更足。

牢记习近平总书记嘱托，弘扬伟大建党精神，上海市人社部门将以排头兵的姿态和先行者的担当，提高劳动保障监察执法效能，健全欠薪矛盾预警机制，做实调解，做精仲裁，为维护劳动者合法权益打出“组合拳”。

（赵泽众）

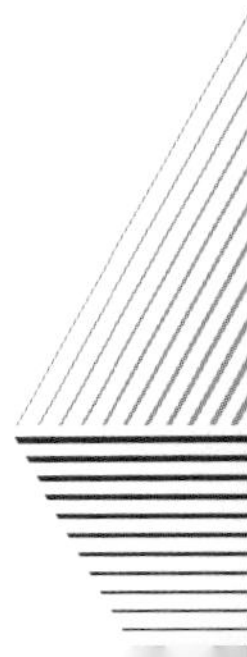

江苏：

治理有“数”，人社服务“苏”华章

紫金山巍峨雄踞，扬子江奔腾入海。在丝绸之路经济带、21世纪海上丝绸之路和长江经济带的交汇点上，大美江苏翩然起舞，踔厉奋发。

党的十八大以来，习近平总书记多次赴江苏考察，为江苏省擘画了“经济强、百姓富、环境美、社会文明程度高”的宏伟蓝图。沿着习近平总书记指引的方向，一茬接着一茬干。江苏省聚焦民生工作，加快推进数字政府建设，充分发挥信息化的创新引领作用和信息融合的综合服务优势，促进业务经办一体化，拓展数字化应用场景，不断提升人社公共服务能力和水平。

信息化赋能，治理有“数”。十年来，群众享受着日益高效、便捷、优质的人社服务，人社事业迈入更加科学、精准的高质量发展阶段。

铺路搭台　信息化驱动经办一体化

“我和窗口工作人员打了20多年交道，从过去的手工记录到后来的电子化办公，再到‘不见面’审批服务和现在的综合柜员制服务，真是越来越便捷，越来越省心！”谈起人社窗口办事流程的变化，江苏省运河航运有限公司人力资源部经理尹希栋连连感叹。

在江苏省各地，“一网通办、全省同办、就近可办、异地能办”的服务新格局打破了传统经办模式下的堵点、痛点和难点，获得了办事群众的广泛称赞。

“人社服务提效能，信息化建设是重要支撑。”江苏省人社厅副厅长梅仕城表示。近年来，全省人社系统始终将落实国家和人社部各项信息化工作部署放在重要位置，提前完成“金保工程”一期到二期的各项任务，积极推进“智慧人社”和“互联网＋人社”建设，打响了社会保障“一卡通”“12333”咨询服务“一号通”、人社门户网站“一网通”三大品牌，实现了各类人群、各项业务、各级地域的全覆盖。

2019 年，江苏省全面启动省人社一体化信息平台建设。“全系统克服时间紧、业务多、任务重等困难，高标准规划统筹，省市共建共享共发展。仅用 2 年 4 个月就圆满完成人社部门 4 大业务板块统一软件的试点任务，平台顺利上线并实现养老保险全国统筹改革和对接工作。”江苏省人社厅信息中心五级职员李云飞介绍说。

打破信息孤岛和数据烟囱，真正实现数据大集成。江苏省人社一体化信息平台共开发 4 588 个功能模块，其中就业创业 1 172 个、社会保险 1 626 个、人才人事 580 个、劳动关系 1 210 个。

2021年10月，平台已在全省13个设区市、95个县（市、区）全部切换上线，实现了五级人社纵向贯通，业务板块横向联动，377个服务事项、284个网办事项、116个查询事项全程在线。

率先使用新技术架构、创新统一技术业务标准、顺利实现全业务上云、全面打造全业务一体化数据指标体系、全新构建“零信任”安全架构……建设过程中还取得了一系列创新成果和自主知识产权。2022年7月，在中国信息协会主办的2022数字政府论坛上，“江苏省人社一体化信息平台项目”荣获“2022数字政府创新成果与实践案例”。

“依托新平台，全面实现了全业务‘网上办’、多渠道‘畅

人社部在南京市召开全国信息化工作会议，向全国推广江苏省人社一体化信息平台建设经验。图为会场中工作人员正在进行人社智慧场景应用展示。

通办’、全流程‘在线办’、跨层级‘协同办’、跨业务‘打包办’。”李云飞介绍说，平台上线至今，人社网办大厅注册用户数量已达2 037万，办件量达5 794万件，查询量达8.06亿次。

创新融合　数字化拓展服务新场景

从系统不统一、数据不集中、业务审批难向群众就近办、异地办、全省办转变；从标准不统一、流程不规范、跨地区业务办理难向群众提供的材料、表单、信息项越来越少、服务越来越便捷转变；从数据不共享、交换不及时、跨部门业务办理难向“一件事”便捷办、“掌上办”快速办、“主动推”无感办转变。网办率不断提升，经办大厅人员不断减少。十年来，信息化建设成为江苏省人社事业发展的重要“助跑器”。

立足新起点，展现新作为。2022年上半年，江苏省出台人社系统数字化转型工作方案，深入推进数字治理和深度挖掘，将AI感知、5G传输、人脸识别和云计算等最新技术成果，创新运用到群众最需要的服务体验中，同时通过群众体验不断优化完善新技术服务能力和应用场景，真正实现运用新技术手段赋能人社服务。

锚定目标，靶向发力。围绕科学决策，江苏省建设了“就业运行监测分析”系统，推进与职业技能培训、新就业形态劳动者职业伤害保障等应用场景融合；围绕风险防控，推进与住建、公安、民政、司法等部门的数据共享，建设“欠薪智监测”和“社保慧监管”等应用；围绕优化服务，建设“就业云平台”“人才云平台”

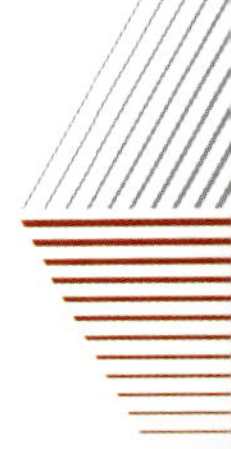

等服务品牌。

“拓展数字化应用场景，对稳就业发挥了更精准、更高效的作用！”江苏省职业介绍中心主任夏文哲说。

受新冠肺炎疫情影响，2022 年 5 月苏州市各技工院校学生在异地无法升级和激活社保卡，导致求职创业补贴申领工作无法正常开展。依托江苏省人社一体化信息平台和全国大数据比对分析，学校、人社部门全程线上审核，实现困难学生求职创业补贴直发社保卡。

通过“就业云平台”，2022 年江苏省统筹现场招聘、网络招聘、直播招聘，整合求职者、单位岗位信息，促进就业供需匹配。成功举办江苏省民营企业云聘直播大会，全省 40 场直播招聘同步上线，超千家民营企业现场提供约 1 万个高质量就业岗位。

“有了‘欠薪智监测’，现在可以对欠薪风险早预防、早介入、早化解，采取分级预警、分类处置的应对之策。”江苏省劳动保障监察局局长张智灵表示。数字化提升了监察执法维权效能，健全了调解仲裁多元处理机制，推进了和谐劳动关系构建。

据统计，“欠薪智监测”上线以来，劳动保障监察机构日常巡查用人单位 11.8 万家，书面审查用人单位 60 万家，劳动人事争议仲裁 5.2 万件，调解办件 2.8 万件，2022 年“互联网 + 调解仲裁”线上开庭 224 场次。

数智赋能　优质服务提升群众满意度

十年来，打破数据壁垒建系统、攻克技术难关搭平台、挖掘数字潜力拓应用，江苏省人社厚植信息化建设的沃土，在数智赋能下，绽放出服务效能提升、群众满意度提升、决策科学性提升的幸福民生之花。

信息多跑路，群众少跑腿。无锡市市民张先生因其单位职工发生工伤事故，前往市社保中心窗口办理工伤待遇申请，同时申领工伤医疗费、一次性伤残补助金和一次性工伤医疗补助金，仅10分钟就完成了申办工作。“以前受理类似申请需30分钟左右，现在申请仅需一次，群众等候时间大大减少。”无锡市人社部门相关负责人介绍说。

“前些年补办社保卡要花好多天，这一次来补办，工作人员带我到‘敬老专窗’前，用相机为我现场拍照，两三分钟就拿到了新的社保卡。”淮安市民陈大爷高兴地说，“带着社保卡，出门更放心。”

小小社保卡，浓浓人社服务情。目前，江苏社保卡累计持卡人数达9 335万人，电子社保卡签发人数达3 985万人。相比于过去的单一功能，如今人社领域已全面实现凭证用卡、缴费凭卡、结算持卡和待遇进卡，社保卡还在智慧城市、金融服务等方面发挥多元功能。

江苏省人社厅信息中心副主任任鹏介绍：“第三代社保卡能在全省交通出行、234家4A级以上重点旅游景区、105家市级以上公共文化场馆实现‘一卡通用’，在全国318个城市实现交通互刷出行。”

提质人社服务、满足民生需求的同时，信息化和数字化建设

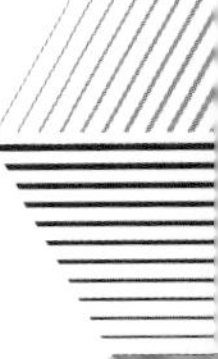

也为人社治理创新与科学决策提供助力。

无锡市依托“数字人社”建立起“人在干、数在转、云在算”的工作模式，通过大数据比对，实现补贴无须申请，政策符合即可享受，资金直接拨付到账，让优惠政策应享尽享。同时，创新建设就业失业监测和预警系统，成为研判就业形势的“千里眼、顺风耳”。

泰州市人社部门积极归集本系统和外单位数据，建成大数据平台，现回流 622 张数据表，近 13 亿数据量；获取外部数据 50 多种，2022 年上半年获取及使用外部职能单位数据 1 350 万条。

江苏省全面推进社保卡居民服务一卡通工作。图为南京市社保卡办卡体验大厅启动仪式。

以待遇资格认证数据比对工作为例，目前企业退休人员领取养老保险待遇数据比对认证率达 93.36%。

“用数据说话、用数据决策、用数据管理、用数据创新”的理念逐步在江苏省人社系统形成，并落实在具体工作中。

勇立信息化建设潮头，打造智慧人社新引擎。梅仕城表示，江苏省未来还将加快推进人社数字化转型，持续开发数字化应用场景，深入进行数据治理，充分释放、激活数据要素价值和潜能，提升决策科学化、治理精准化、服务高效化水平，全面支撑高质量民生服务保障。

（杨勤　李云飞）

浙江：

之江潮涌千帆竞，人社行风暖钱塘

江潮奔涌，群山叠翠，从东海之滨到钱江两岸，从繁华都市到美丽乡村，浙江大地处处生机盎然。

党的十八大以来，习近平总书记多次到浙江省考察调研。“干在实处、走在前列、勇立潮头”“努力成为新时代全面展示中国特色社会主义制度优越性的重要窗口”……习近平总书记一系列重要指示，为浙江省的发展指明了前进方向，提供了根本遵循。

牢记习近平总书记殷殷嘱托，浙江省人社系统踔厉奋发，扎实推进行风建设，深化“最多跑一次”改革，促进数字化转型，整体推动人社服务和治理能力效率变革、质量变革，以担当实干践行为民初心，奋力谱写人社事业高质量发展新篇章。

聚焦民生需求　提升治理能力

中国共产党人“为中国人民谋幸福，为中华民族谋复兴”的初心使命，不仅要永存于信念之中，更要体现在为民解忧的实际行动中。

十年来，浙江省人社系统秉承为民初心，持续深化“放管服”改革，全力推进“最多跑一次”改革，千方百计为民排忧解难，不断提升群众的获得感、幸福感。

“以前办理退休业务要带一大摞材料，几个部门来回跑，费时费力。现在只要去一次养老保险服务中心窗口，填一张表格就行了，非常方便！”浙江省丽汽集团人事专员廖薇丹说。

曾经，“磨破嘴”“跑断腿”成为一些人办事的共同记忆。材料能否少一些？程序能否精简一些？百姓关心的“小事”就是国计民生的大事，人民群众的期盼就是人社改革的“指南针”。

聚焦群众办事的痛点难点，浙江省人社部门以刀刃向内的勇气和决心推动改革，以优质服务回应群众期待。2017 年，浙江省人社系统全面启动“最多跑一次”改革，即“一窗受理、集成服务、一次办结”。2018 年，在绍兴柯桥区试点深化改革的基础上，2019 年 7 月，当地人社部门又在金华市全面开展深化“最多跑一次”改革“领跑者”综合试点。2019 年以来，以“最多跑一次”改革为牵引，继续清事项、减材料、压时限，推动人社业务更快办。

“始终站在群众角度考虑问题、制定政策、优化服务，聚焦企业和群众‘办事慢、办事繁、办事难’痛点，在规范办事标准、精简申请材料、推动数据共享等方面重点突破，推动人社业务‘人性化’，方便群众从简、就近、快速办理。”浙江省人社厅厅长吴伟斌表示。

面向老百姓的事，必须删繁就简、标准规范。通过直接取消、告知承诺和数据共享等方式实现减材料、压时限。通过“人机联办”“无前台审批”等方式引导企业和群众“自助办”“网上办”“掌

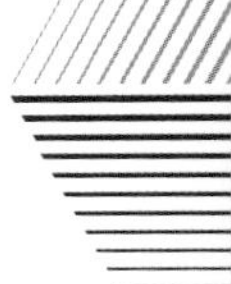

上办”。深化“一件事”改革，推进人社服务事项“一窗办”“一次办”。坚持标准引领，实施“一目录、一规范、一工程”，推动人社服务提标提质。

借助银行、基层平台等力量，实现人社业务“就近办”。2022 年 6 月，80%的“最多跑一次”事项可在乡镇（街道）办理。截至 2021 年年底，浙江省已建成社银合作网点 10 175 个。

部门协同数据共享，居民服务实现“一卡通”。目前，浙江省社保卡可在 95 项人社领域和 40 项非人社领域一卡通用，全省 803 个文化旅游场馆支持全国社保卡“一卡通”。同时，加快推进长三角社保卡“一卡通”建设，目前，21 个事项在长三角实现一卡通用。

浙江省台州市椒江农商银行“社银合作”网点，银行工作人员正在为群众办理人社业务。

全省154个人社服务事项网上办，126个事项只需“跑一次”，33个事项即来即办，免交材料133份。截至2022年6月底，浙江省人社政务服务事项“一网通办”实现率达97.6%，群众满意率维持在99%以上，一个个亮眼数字背后是浙江省人社部门在行风建设道路上迈出的坚实步伐。

坚持数字赋能　人社服务再提速

走进杭州市萧山区社保中心，大厅内空旷安静，曾经的长队和喧嚣已消失不见。“现在，群众通过网络足不出户就能办理社保业务。”业务经办人员一语道出变化的秘密。

十年来，浙江省全方位推进人社领域数字化改革，全面深化人社服务“一网通办”“全域通办”“一件事集成办”，健全全省统一、线上线下融合的公共服务体系，拓展数字化场景应用，推动人社公共服务从“快办”向“智办”升级。

扫码登录，选择客服，核对信息……2022年7月，杭州市民姚静通过“社保易窗”线上智能平台办理单位信息变更业务，全程只用了3分钟。办事群众的便捷体验，得益于浙江省在数字化改革中的积极探索。

随着数字化改革的深入，浙江省人社系统开发建设了“浙里就业创业”“安薪在线”“社保基金安全在线”“新就业形态劳动者在线”等一大批数字化应用场景，为保障和改善民生、推动人社治理能力现代化注入了强劲动力。

如今，人社数字化改革在浙江省已多点开花。宁波市建设

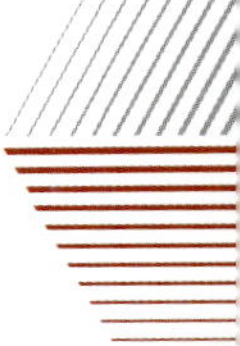

“甬才通”，构建重点人才工程生态链；舟山市上线“引才云”，打造一体化人才招引数字平台；绍兴市实现职业培训全流程数字化……借“数”发力，浙江省人社系统在数字化浪潮中掀起朵朵浪花。

当老龄化遇上数字化，“办事难”成为广大老年人的困扰。“我不会用智能手机，没法网上认证，年纪大了外出也不方便。”以前，碰到领取养老保险待遇资格认证，家住金华市寺前皇社区的胡金凤总是愁眉不展。

聚焦老年人办事难点，金华市打造领取养老保险待遇资格“智慧认证”模式，通过数据比对实现“无感认证”。“系统每 3 个月自动认证，如果数据比对不成功，社区会上门服务，养老钱更有保障了。”胡金凤高兴地说。

为破解“适老化”难题，十年来，浙江省全面梳理涉老高频服务事项，完善政策内容，优化服务方式，为老年人、残疾人等特殊群体提供便捷暖心的人社服务。

2020 年 12 月底，人社部印发《关于进一步优化人社公共服务　切实解决老年人运用智能技术困难的实施方案》以来，浙江省各地进一步加快适老服务探索创新。嘉兴市打造长三角“敬老通”数字化改革应用，满足老人数字生活新需求。建德市在寿昌镇设置“社保易窗”服务站和代办员，实现业务“家门口办”。

浙江省人社部门数字化改革的探索实践，正转化为群众实实在在的幸福感、获得感。“免材料、零跑腿，稳岗返还资金直接到账。”“不出村就把事办好了，真方便！”“在疫情防控下，线上办代替线下跑，人社服务贴心更安心。”群众的认可彰显着浙江省人社部门亲民务实之风。

强素质树形象　人社行风持续向好

“既要政治过硬，也要本领高强。”这是我们党的一贯要求，也是对人社队伍建设的重要指引。服务人民，需深切读懂人民关切，更需练就高强本领。

十年来，浙江省人社系统不断强化队伍建设，全面开展练兵比武活动，推动行风建设向纵深发展，推动人社公共服务提质增效。

“新政策陆续出台，‘最多跑一次’改革不断向基层延伸，越来越多的人社高频事项下放到基层，这对基层人社工作者的服务能力提出了更高要求。”在海宁市袁花镇社保服务站的工作人员许怡看来，只有不断锤炼业务本领，提升服务水平，才能更好服务群众。

近年来，随着练兵比武活动扎实推进，浙江省各地掀起比学赶超热潮。杭州市人社业务骨干走出窗口，现场指导群众网办、掌办，以熟练的业务技能实打实地展示练兵比武“聚沙成塔”效应；宁波市建立窗口服务“知识库”，开展“真枪实弹”大练兵，打造“无差别办理”新模式；丽水市开设“钉钉云课堂”，将练兵比武摆到“云端”；台州市开设“业务大课堂”，开展骨干授课，领导点评。同时，浙江省将练兵比武活动重点向县（市、区）一线下沉，形式多样的人社比武活动层出不穷。2022 年，全省 11 个地市均已完成市级练兵比武竞赛。

2021 年浙江省人社系统练兵比武竞赛现场。

2019年以来，浙江省涌现出夏铃洁、施必成等10名全国“人社知识通”和16名全国“岗位练兵明星”。2022年以来，全省已有2万余名干部职工参与“日日学、周周练、月月比”线上练兵，2 951人次获得“日日学之星”称号。随着“知识通”“一口清”“多面手”不断涌现，人社服务水平全面提升。

为民解忧，首先要找准民忧所在。2021年以来，浙江省人社系统深入开展“厅局处长走流程”活动，领导干部深入为民服务第一线，摸情况、听诉求、查堵点、抓整改，打通政策落地“最后一公里”。

群众是否满意是衡量人社工作成效的最高标准。浙江省人社系统常态化开展明察暗访活动，及时发现、查纠各种违规违纪行为和不正之风，重点查访“最多跑一次”改革和数字化改革落实推进情况。同时，通过“好差评”系统、投诉举报热线等渠道，自觉接受群众监督，推动系统行风持续向好。

十年间，从多证明到零材料，从多部门到一窗口，从线下跑到网上办……在浙江省，以改革创新推动行风转变的生动景象不断上演，人社公共服务改革成效不断显现，群众有了更多更直接更实在的获得感。

钱潮奔涌，奋楫扬帆。如今，浙江省正以奋斗者姿态在人社行风建设的道路上奋勇前行，不断开创人社事业高质量发展新局面！

（王东丽）

安徽：

江淮之滨，“皖”美职建绽芳华

八百里巢湖烟波浩渺，宛如一颗璀璨的明珠镶嵌在江淮大地。八百里皖江浩浩汤汤，唱响了新时代安徽省职业能力建设的最强音。

党的十八大以来的十年，是安徽省职业能力建设史上具有里程碑意义的重要时期。回首来时路，郁郁满芳华。截至2021年年底，安徽省技能人才、高技能人才总量分别增至612万人、183.6万人，较“十二五”末分别增长了50.1%、64.9%；3人荣获中华技能大奖，评选产生了151名全国技术能手，142名高技能人才享受省及国务院政府特殊津贴。安徽省的高技能人才、高技能领军人才总量均位居全国前列。

完善政策为技能人才队伍建设“赋能”

“公司被确定为世界技能大赛中国集训基地，及时享受到600万元的补助资金，这得益于省市出台的相关扶持政策！”黄山裁云雕刻文化有限公司总经理方巧娟高兴地说，“补助资金大大缓解了我们资金不足问题，对基地培养国家队选手大有裨益。”

使命在肩，步履所达。为加强技能人才队伍建设，2017 年 4 月，《安徽省人民政府关于印发支持技工大省建设若干政策的通知》（以下简称《若干政策的通知》）正式出台。同年 6 月，省人社厅、教育厅、财政厅联合制定了《支持技工大省建设若干政策实施细则》，构建成“1 + 2 + 16 + N”的政策体系。

“‘1’指《若干政策的通知》；‘2’指出台的实施细则‘40 条’，对《若干政策的通知》中的每一条政策进行了细化，并明确省级技工大省项目资金来源和使用办法；‘16’指全省 16 个地市均出台了贯彻落实省政府通知精神的实施文件，明确目标任务和细化政策措施，确保省政府文件落实落地见效。”安徽省人社厅职业能力建设处副处长庄雪峰说，“‘N’指安徽省各地市出台的职业技能提升行动实施方案、企业技能人才自主评价办法等一系列配套文件，从具体政策操作层面作了详细规定。”

安徽省人社厅二级巡视员刘晓燕认为，这些“硬核”政策，从技能人才培养、使用、评价、保障、激励等多个方面提出了具体措施，以更大力度、更宽视野、更实举措推动职业能力建设工作，对加强技能人才队伍建设起到了关键性作用。

声声不息，蹄疾步稳。安徽省技工大省建设期间，累计开展补贴性职业技能培训 433.2 万人次，实施职业技能鉴定和技能等级认定 224.2 万人次。完善政策，安徽省昂首迈出建设技工强省的铿锵步伐，有力推动技能人才队伍建设。截至 2021 年年底，

全省技能人才总量占就业人员总量的 25.2%，其中高技能人才占技能人才的比例为 30%。

打造平台为技能成才架设“快车道”

一技在身，能动天下。2018 年 7 月，黄山市国家级“洪建华技能大师工作室”成立以来，已培养雕刻人才 40 多名，有的已建立了省市级技能大师工作室，有的成为省级工艺美术大师。

“干我们这一行的，讲究的是手艺，若不动手实操，再好的工艺理论都会一文不值。”全国技术能手洪建华说，“在我们这里，有经验丰富的师傅手把手教徒弟，培养他们敬业、精益、专注、传承和创新，技能大师工作室是传承工匠精神的最佳平台。”

无独有偶。2019 年，阜阳市国家级“贾亮技能大师工作室”

2022 年 9 月 9 日，安徽省技工院校 2022 年秋季新生开学第一课在马鞍山技师学院开讲。

建立以来，已培养徒弟600多名，其中300多人在多家汽车企业工作，部分留校任教；多名徒弟获得国家、省市级奖项。

为练就“独门绝技”，培育“大国工匠”，安徽省立足特色优势产业，打造“高端”平台，实施国家级高技能人才培训基地建设项目、国家级技能大师工作室建设项目。同时，瞄准重点发展产业，布局建设特色平台载体，培养急需紧缺的高技能人才。到2022年，全省共建有85所技工院校，认定产教融合型培育企业201家。

安徽省还注重产教深度融合，开辟技能成才“新路径”。“阜阳技师学院确立了‘校长围绕厂长转，专业围绕产业转，教学围绕生产转’的办学思路，探索出‘学校像工厂，教室像车间，老师像师傅，学生像徒弟’的办学模式，在产教深度融合方面走出了一条成功之路。”阜阳市人社局职业能力建设科科长齐雷介绍说。

阜阳技师学院不断深化校企合作，与中航科工二院、中职北方教育有限公司等100多家企业建立深度校企合作关系，共建智能制造、云计算和大数据等高精尖专业12个，吸引22家企业入校，在学院投资建设汽车4S店、驾校、实训基地、学习型工厂等项目20多个，直接投资超过2亿元。

截至2022年6月底，安徽全省建有国家级、省级高技能人才培训基地65个，国家级、省级技能大师工作室288个，世界技能大赛中国集训基地20个，省级示范性公共实训基地5个……党的十八大以来，安徽省技能成才平台和载体如雨后春笋般不断涌现，为技能人才插上“筑梦”翅膀，助他们腾飞翱翔。

安徽省组织实施“进校园、进企业、进园区、进社区（村），促进就业”专项招聘活动。

改革评价为技能成才开辟“新路径”

多年来，中国能源建设集团安徽电力建设第二工程有限公司积累了大批职业技能人才。2021 年，公司自主开展 4 000 余名职工的职业技能等级认定工作。受新冠肺炎疫情影响，加上职工众多且分散在全国和海外 200 多个工程项目上，职工返合肥参加培训和考试存在安全隐患，造成认定无法正常开展。

“我们以工作业绩和技术成果为主要认定标准，开展技能人才自主评价工作。”公司党委组织部主任夏长银说，“对技师和高级技师在主要工作项目、现场解决技术问题、技术改造和革新、传授技艺等方面进行评估，以现场面试和网络面试相结合、申报材料评审和答辩相结合的形式进行技能等级认定。”最终，公司出色地完成技能等级认定工作。

“近三年来，我们注重政策导向，聚焦企业需求，不断推进企业自主评价；强化支持服务，创新技能人才评价方式；拓宽评价渠道，全力推进多元化技能人才评价，推动评价工作取得新成效。”合肥市职业技能鉴定指导中心主任朱弋清说。

党的十八大以来，安徽省积极打破技能人才发展的“天花板”，努力突破年龄、学历、资历、身份等限制，健全以职业能力为导向，以工作业绩为重点，注重职业道德建设和职业知识水平提升的技能人才评价机制。截至2022年6月底，全省备案各级各类认定机构692家，涵盖职业工种1 400多个，累计核发技能等级证书69.8万本。

优化服务让技能人才“有为”更“有位”

“这种服务优质到超乎我们的想象！”现任黄山学院教师的严迪、李军感激之情溢于言表。

严迪和李军均是黄山学院毕业生，分别是第45届世界技能大赛园艺、油漆与装饰项目优胜奖获得者，但他们想回母校任教也有很大难度。“根据规定，至少是博士毕业生，才有资格进校任教。仅凭这一条，严迪和李军就很难实现梦想。”安徽润一生态建设有限公司董事长赵昌恒动情地说，“虽然他们都是我们这里世界技能大赛中国集训基地培养的人才，但我们也爱莫能助啊！”

后来，在安徽省人社、教育部门以及校方的共同努力下，严迪和李军终于如愿以偿。

“对在世界技能大赛中获得奖牌的选手，可直接聘用为（市

直）事业单位工作人员。”黄山市人社局四级调研员周京辉说，“我们除了建立引进高技能人才激励机制外，还对高技能人才提供住房补贴和生活补贴等，让他们享受到全方位服务。”

党的十八大以来，安徽省为技能人才提供就业、创业、教育、晋升、住房等全方位公共服务。“总之，我们多措并举，让技能人才在政治上有待遇、社会上有地位、生活上有优惠、事业上有扶持，让他们在更高层次、更广阔平台上实现自身价值和社会价值。”刘晓燕说。

安徽省积极做好技能人才配套服务工作，依托社保卡建设“技工蓝卡”库，对技能人才进行身份标识，提供社保关系接续等实名制跟踪服务。同时，开展评选表彰活动，每两年组织开展一次全省高技能人才评选表彰，江淮杰出工匠获得者奖励 20 万元、省技能大奖获得者奖励 5 万元。

好风凭借力，扬帆正远航。“我们将积极采取出台支持技工强省建设政策、做大做强做精职业技能培训、推动技工教育高质量发展、加强高技能人才队伍建设、统筹抓好职业技能竞赛工作、推动落实区域一体化发展战略等措施，努力打造中部领先、全国争先的技能人才新高地。”安徽省人社厅副厅长刘少华表示。

新作为开启新征程。安徽省职业能力建设事业正劈波斩浪、奋楫争先，朝着更加辉煌的未来扬帆远航！

（许良）

福建：

八闽大地奏响和谐音符

山海画廊，人间福地。

福建省地处东南沿海，具有光荣的革命传统和奋斗精神，也是改革开放先行省份，兼具开放、文化、生态等深厚底蕴和禀赋。

党的十八大以来，习近平总书记多次对福建工作作出重要指示批示。2021 年仲春，习近平总书记再次来到福建省考察，为新发展阶段新福建建设擘画了蓝图、指明了方向，“希望福建在全方位推动高质量发展上取得新成效”。

福建省人社部门牢记嘱托、奋力前行，各项事业不断取得新进步、展现新气象。通过以促发展、保稳定、构和谐为主线，以“和谐同行”能力提升三年行动为重点，以推动高质量发展为主题，立足新发展阶段、贯彻新发展理念、构建新发展格局，积极推进劳动关系工作方式方法创新，不断强化劳动关系综合体系建设和综合治理能力提升，各项工作取得新进展。

根治欠薪　源头治理保障劳动者合法权益

工作了多少小时，能领多少薪水，一个 App 即可全知道。在福建省的许多建筑工地，建筑工人无须再和工程方“扯皮”，工资发放有四方同时监督。“通过实行农民工实名制管理、工资与工程款分账管理并设立农民工工资（劳务费）专用账户、项目部按时足额通过银行向农民工本人支付工资、建立维权公示制度等举措，有效避免了结账时工程款与工资款混淆不清的情况以及发生问题时相互推诿扯皮的现象。”福建省人社厅有关负责人说。

根治欠薪，是党的十八大以来劳动保障监察领域发出的最强音。2016 年以来，福建省先后出台《关于全面治理拖欠农民工工资问题的实施意见》《福建省治欠保支三年行动计划（2017—2019）》等一系列政策文件，明确治理拖欠农民工工资机制安排和政策举措。创新开展“无欠薪项目部”创建活动，制定“无欠薪项目部”创建标准，建立并推进落实农民工实名制管理、农民工工资专用账户管理、施工总承包单位代发工资、工资保证金等工资支付保障制度，规范施工企业用工行为，从源头预防欠薪问题的发生。

福建省建立健全根治拖欠农民工工资工作协调机制，形成政府统一领导、人社部门牵头组织协调、有关职能部门共同参与的工作机制，构建齐抓共管、综合治理的工作格局。从 2017 年至 2020 年，福建省开展省对市级政府保障农民工工资支付工作年度考核，并将此项工作纳入综治考评、绩效考核和党政领导班子年度考核内容，压实属地政府管理责任。

为给劳动者提供高效、便捷维权服务，福建省人社厅畅通举报投诉渠道，设立“12333”劳动保障监察举报投诉座席，组织开展劳动保障监察“双随机”抽查工作，建立举报投诉案件省级联动处理机制，以劳动保障监察管理信息系统为支撑，依托“12333”咨询服务电话、互联网和各级劳动保障监察机构受理举报投诉窗口，逐步实现“一点举报投诉、全网联动处理”。2016 年以来，全省为 24.25 万名劳动者追发工资等待遇共计 20.35 亿元。

福建省积极推进工资支付诚信体系建设，对被列为一般失信

2021 年 8 月，南平市延平区劳动保障监察大队执法人员在项目工地开展根治欠薪执法检查和高温天气劳动保护专项检查。

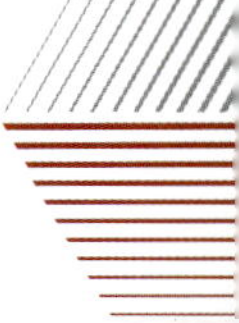

或严重失信的用人单位在政府资金支持、融资贷款、评优评先等方面予以限制。同时，全省大力开展重大劳动保障违法行为社会公布、企业劳动保障守法诚信等级评价、拖欠农民工工资“黑名单”管理等工作，不断加大对违法失信企业的惩戒力度。完善行政执法与刑事司法衔接机制，严厉打击拒不支付劳动报酬犯罪行为。2016 年以来，各级人社部门向公安机关移送涉嫌拒不支付劳动报酬犯罪案件 266 件。

2021 年 3 月 19 日，宁德市人社局开展“无欠薪项目部”亮牌宣誓活动。

大力推进劳动保障监察“机构标准化、执法规范化、人员专业化”建设，推进劳动保障监察“两网化”管理基本实现全覆盖，不断夯实基层网格化管理基础，持续完善劳动保障监察管理信息系统，有效提高了监管效率。

深化改革 健全机制
收入分配秩序逐步规范

2021年，闽东电力股份有限公司按照人社部印发的《技能人才薪酬分配指引》提供的思路和方法，对技术工人进行了调薪，让近600名一线技能人员十分振奋。

“通过运用《技能人才薪酬分配指引》，公司建立了‘纵向设置层级、横向搭建通道、分序列全覆盖’的技能人员职位等级体系，并全面实行以岗位绩效工资制为主体的工资体系。”闽东电力股份有限公司相关负责人说，“此举畅通了技能人才晋升发展机制，优化了技能人才绩效考核机制，完善了技能人才奖励激励机制，既避免了“吃大锅饭”现象，提升了技能人才的积极性，又充分提高了技能人才的薪资待遇。”据统计，该企业电力技能人才年收入可达到8.1万元，较改革前提高了28.7%。

党的十八大以来，以习近平同志为核心的党中央把逐步实现全体人民共同富裕摆在更加重要的位置，采取有力措施保障和改善民生。福建省人社部门始终把收入分配作为民生之源，牵头制定并深入实施“四大群体”增收计划，持续推进企业工资宏观调控，逐步规范工资收入分配秩序，大力推进城乡居民就业增收，形成与福建省发展定位相匹配、有利于激发干事创业活力的收入分配格局，让人民群众在全方位推进高质量发展中有了更多的获得感，具体体现在以下几个方面：

一是通过完善最低工资标准正常调整机制，推动企业、行业

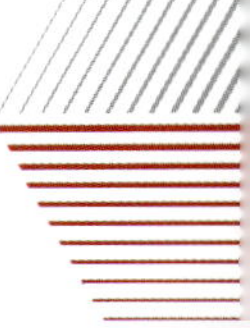

开展工资集体协商，引导企业在生产发展和经济效益提高的基础上提升职工工资水平；

二是加强技能人才薪酬分配指引，开展企业薪酬指引行动，推动企业建立健全技能人才薪酬分配体系，加大对技能要素参与分配的激励力度；

三是深化国有企业收入分配制度改革，健全激励约束机制和市场化薪酬分配机制；

四是完善机关事业单位工资和津贴补贴制度，落实公务员分类改革工资政策，健全事业单位工作人员基本工资标准正常调整机制；

五是推动落实科研人员职务科技成果转化现金奖励政策，深化公立医院薪酬制度改革，完善高层次人才工资分配激励机制，进一步拓宽工资性收入渠道；

六是大力发展企业年金、职业年金、个人储蓄性养老保险和商业养老保险，增加退休人员收入来源，进一步拓宽转移性收入渠道。

据了解，党的十八大以来，福建省先后 5 次调增最低工资标准，月最低工资标准平均水平从 1 003 元提高到 1 628 元，年均增长 6.24%。同时，建立健全工资正常增长和决定机制，健全薪酬调查和信息发布制度，每年对全省 4 500 余家企业、60 余万名职工开展企业薪酬调查，每年定期发布企业薪酬调查信息，为企业合理确定劳动报酬、劳动者合理有序流动提供信息支持。

强化基层 多元调解
健全劳动人事争议调解仲裁机制

肖女士在厦门市湖里区江头街道劳动人事争议调解中心维权成功了，她高兴地说："我住在街尾，工作在街头，今天在街中间的调解中心化解了与公司的劳动争议，真是太方便了！"

江头街道劳动人事争议调解中心的成立是湖里区打造"15分钟便民服务圈"的重要举措，是福建省劳动人事争议调解仲裁机制逐步健全的一个缩影。

党的十八大以来，福建省劳动人事争议调解仲裁工作提质增效进入关键期，改革举措频出，争议多元处理格局逐步健全，调解仲裁机制进一步完善，重点案件处理平稳有序，效能建设取得突出成就。

为强化预防调解，妥善化解各类争议，福建省坚持"预防为主、基层为主、调解为主"的工作方针，建立党委领导、政府主导、人社部门牵头、有关部门共同参与的专业性劳动争议调解工作机制。

据福建省人社厅有关负责人介绍，福建全省大中型企业劳动争议调解组织组建率达到86.96%；乡镇（街道）劳动争议调解组织组建率达89.22%；着力推进各级劳动人事争议仲裁委员会建设，省、市、县三级仲裁委调整组建率达到100%；仲裁办案信息系统上线使用，办案系统覆盖率达95.80%，在线结案率达到87%。

在充实基层调解人员和仲裁办案工作人员方面，福建省通过

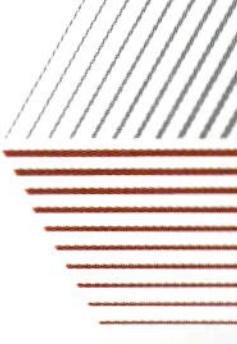

择优招录、政府购买服务、开发公益性岗位、招聘选聘等方式，不断发展壮大仲裁员、调解员队伍，出台仲裁员廉洁办案规定，统一仲裁办案着装，落实仲裁经费保障，推进办案场所、仲裁庭基础设备等仲裁服务设施建设，提高调解仲裁公共服务能力和社会公信力。

同时，福建省加强市、县劳动人事争议仲裁院建设，全面完成各级劳动人事争议仲裁机构实体化建设任务。出台了劳动争议终局裁决制度适用规范，提高终局裁决适用比例，充分发挥仲裁前置作用。加强裁审衔接，统一仲裁送达方式，进一步提高案件处理效能。

据了解，“十三五”期间（未包括 2019 年第四季度数据），福建省各级劳动人事争议调解仲裁机构共处理劳动人事争议案件 21.59 万件，其中仲裁机构共处理争议 16.69 万件，调解组织共处理争议 4.90 万件，仲裁结案率保持在 94%以上，调解成功率保持在 66%以上。

（余列江　周瑞嘉）

江西：

“和谐之花”绽放红土地每一个角落

巍巍井冈山，滔滔赣江水。江西省是一片充满红色记忆的土地，不论是革命战争年代，还是和平建设时期，开拓进取、勇毅奋斗都是老区人民不变的精神底色。

党的十八大以来，习近平总书记两次赴江西省考察调研，并在参加十二届全国人大三次会议江西代表团审议时提出，“努力在加快革命老区高质量发展上作示范、在推动中部地区崛起上勇争先”。这为新时代江西省的改革发展指明了方向。

江西省人社部门遵循习近平总书记的重要指示，聚力改善民生福祉，促进高质量就业，维护社会公平正义，通过创新制度、强化服务、创建典型，有效预防和化解劳动关系矛盾，积极构建规范有序、公正合理、互利共赢、和谐稳定的劳动关系，为推动实现共同富裕提供坚实基础。

十年砥砺奋进，赣鄱大地上响起和谐劳动关系最强音。

建制度　立规矩　健全完善和谐劳动关系制度机制

“女职工产假天数有何变化？”“好消息，江西省给女职工生育假又加了足足30天！”……前段时间，各大媒体纷纷报道江西省发布实施的《江西省女职工劳动保护特别规定》，其中明确规定，女职工除享受产假98天外，奖励产假由60天延长至90天，女职工生育可享受188天产假。

女子电焊班党员示范实操。

应时合势促立法，保障女职工权益，这是江西省维护劳动者合法权益的重要举措之一。

十年来，江西省大力加强劳动关系领域立法，不断健全劳动关系领域法规制度，出台了《江西省企业工资集体协商条例》《江西省女职工劳动保护特别规定》《江西省工会劳动法律监督条例》，及时修订了《江西省最低工资规定》《江西省工资支付规定》等法规，调整了最低工资标准和高温津贴标准，为劳动者撑起更系统、全面的“保护伞”。

近几年，互联网平台经济快速发展，新就业形态创造了大量的就业机会，据统计，江西省新就业形态劳动者达 108 万人。与此同时，以外卖骑手、网约车司机等为代表的新业态劳动者却面临着新的权益保障无法落实问题。

民有所忧，政有所为。江西省坚持发展与规范并重，制定出台了《江西省关于维护新就业形态劳动者劳动保障权益的实施意见》，健全了就业社保、劳动报酬、劳动安全等方面的规章制度，形成了“1 + N”制度系列。例如，鼓励平台企业直接用工，严禁诱导或强迫劳动者注册为个体工商户，不得限制多平台就业，开展职业伤害保障试点、推进新业态行业集体协商等具体措施。

“以前完全由平台制定规则，工作强度大、工作时间长，还容易发生交通事故。现在政府专门为我们出台了劳动保障制度，保障更多了，底气更足了，跑在路上更安心了！”在赣州城区工作的外卖骑手徐波说。

为推进新时代和谐劳动关系构建，根据《中共江西省委江西

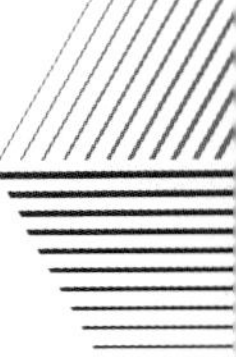

省人民政府关于构建和谐劳动关系的实施意见》明确的指导思想、方针原则、政策措施，江西省各级人社部门认真贯彻落实，积极推动构建和谐劳动关系体制机制逐步完善、企业工资分配制度逐步健全，保持了全省劳动关系总体和谐稳定，为经济建设和社会发展作出了积极贡献。

和谐创建示范宣讲现场。

提能力　强服务　加强用工指导规范用工行为

2020 年伊始，一场猝不及防的新冠肺炎疫情袭来。为防止人口流动使疫情进一步扩散，各地采取了疫情防控措施，给企业复工复产带来一定影响。“因为疫情防控居家，没办法上班，这期间工资该怎么发？”“疫情防控期间刚好劳动合同到期了，如何续签呢”……诸如此类的问题随之而来。

越是紧要关头，越需要直面难题的智慧和担当。为指导企业妥善处理好疫情防控期间劳动关系问题，切实维护好企业和职工的合法权益，防范化解劳动用工、工资支付等风险，根据人社部和江西省有关劳动关系的政策，江西省人社厅制定发布了疫情防控期间劳动关系处理政策答问。

“我们以图文、视频、走访、培训等多种形式，指导企业与职工开展协商，鼓励职工与企业共渡难关、守望相助，做到有事好商量、遇事多商量、有难题共同解决，实现了保障企业发展和维护职工劳动权益的统一。”江西省人社厅劳动关系处处长林祖平介绍说。

在疫情多点散发阶段，不少企业与职工无法现场签订劳动合

“法院＋工会＋社会组织”构建和谐劳动关系。

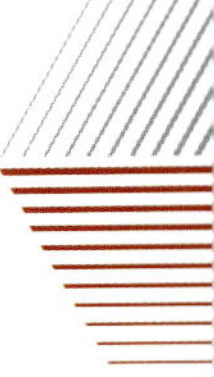

同，江西省创新劳动关系公共服务方式方法，启动建设全省电子劳动合同管理服务平台。

“江西省正在推进电子劳动合同管理服务平台项目建设，企业将可以通过电子劳动合同管理服务平台实现免费网签电子劳动合同。依托该平台，今后企业还将享受到企业用工指导、员工管理、社保参保、劳动争议处理等人社公共服务。”林祖平说。

提升审批效率、节省企业时间成本，江西省不断创新服务举措、优化审批流程，助力打造“江西办事不用求人、江西办事依法依规、江西办事便捷高效、江西办事暖心爽心”的营商环境。近年来，劳务派遣、特殊工时审批和企业裁员备案等劳动关系公共服务事项均下放至县级人社部门，审批时限大幅压缩，企业可通过江西省人社政务一体化平台进行网上申请。主动提供便捷的劳动关系公共服务，也让企业用工、劳动者就业更高效。

“这么热的天，他们还把服务送上门，对我们生产车间特殊岗位特殊工时申请进行审批，确实是办实事，做企业的贴心人！”九江市一建筑装饰公司负责人对人社部门的工作作风赞不绝口。

开展劳动用工“体检”服务，是有效防范劳动关系风险重要举措。近年来，江西省选取了100多家企业作为“和谐同行”重点培育企业，人社部门组建专家团队编印企业用工指导服务手册，上门对企业劳动用工情况进行“体检”，帮助发现劳动用工风险隐患，提出规范用工意见建议。

南昌市每年持续组织开展和谐同行“十佳企业”“十佳园区（乡镇街道）”培育共同行动，坚持以“严”的标准选育典型、以“爱”

的举措激励先进，每家单位拨付 10 万元培育经费，帮助企业提高劳动用工管理水平。

抓创建　促和谐　大力开展和谐劳动关系创建示范

“在三川智慧公司工作，我不仅有一份稳定的收入，有公司的股份，现在还圆了买房梦。在这样的公司工作，是人生中的第一等好事。”谈起工作经历，职工罗奕雯高兴地说。在鹰潭市，三川智慧科技股份有限公司是全国模范劳动关系和谐企业，员工们对当下和谐的劳动关系表示十分满意。

在江西省各级人社部门、各类工业园区、企业的同心努力下，“劳动关系总体和谐稳定是第一等好事”已在这片红土地上成为共识。

近年来，江西省大力开展和谐劳动关系创建活动，创建了一批各具特色的和谐劳动关系综合试验区。景德镇市是全国八个深化构建和谐劳动关系综合配套改革试点地区之一，党建引领构建和谐劳动关系工作经验得到人社部充分肯定；宜春市万载县作为第一批省级构建和谐劳动关系综合试验区建设试点单位，75 家企业分别被评为省市县和谐劳动关系企业；南昌市昌南工业园区作为省市区三级共建和谐劳动关系综合试验区，自开展和谐劳动关系创建以来，以党建为引领，加强劳动关系矛盾预防化解，强化劳动保障法律法规宣传，提高集体协商、集体合同扩面建制，园区内 50 人以上规模企业 98%以上建立工资集体协商制度、签订集体合同。

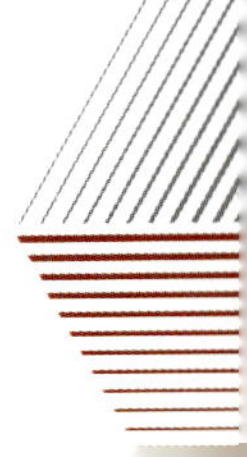

江西省较早开展劳动关系和谐企业与工业园区创建，还是全国首个在省政府层面建立模范劳动关系和谐单位评选表彰制度的省份。目前江西省省级劳动关系和谐企业累计达到337户，省级劳动关系和谐工业园区累计达到23个；省政府表彰的模范劳动关系和谐企业60户，模范劳动关系和谐工业园区24个，模范劳动关系和谐乡镇（街道）36个。劳动关系和谐企业让职工分享企业的发展成果，反过来又助推企业发展前行。

“从2013年至今，我们深入开展‘人均一条合理化建议’活动和‘金点子’有奖活动等。职工累计提出合理化建议19 760条，技术革新3 350项，累计创造经济效益2 773.1万元，年均分别增长36.7%、12.7%和197%。”格特拉克（江西）传动系统有限公司负责人说。

示范引领，先锋带动。现在，越来越多的企业认识到，要想在市场竞争中生存、发展，必须主动建立起规范有序、公正合理、互利共赢、和谐稳定的劳动关系。

波澜壮阔欣回首，敢为人先又续征。江西省人社厅副厅长叶志忠表示，江西省将牢记习近平总书记嘱托，坚持促进企业发展、维护职工权益，坚持运用法治思维和法治方式协调劳动关系，坚持以改革创新精神推动构建和谐劳动关系，让“和谐之花”绽放在企业职工的心中，遍布红土地的每一个角落。

（杨勤　罗凌斐）

山东：

齐鲁大地浓墨重彩书写就业答卷

齐鲁之地，山水雄浑，河海浩荡。

党的十八大以来，齐鲁大地万象更新。习近平总书记三次考察山东，多次发表重要讲话、作出重要指示批示，为山东省发展指引航向。

十年间，这里的发展，贯穿着和谐之声，渗透着民生情怀。

就业是最大的民生，是经济发展最基本的支撑。作为总人口约占全国7%的人口大省，山东省的就业工作对全国的就业形势有着举足轻重的影响。面对劳动适龄人口多、就业总量大、结构性矛盾突出、新冠肺炎疫情冲击的重重挑战，齐鲁儿女深入学习贯彻习近平总书记关于就业工作的重要论述，锐意改革、勇于创新，以独有的执着、昂扬的气势，谱写出感知时代跃动的就业新篇章。

唯实为先　凝心聚力稳就业

翻开党的十八大以来山东省的就业答卷，几组数字指标透出稳就业、促发展的底气：全省城镇新增就业持续保持在110万人

以上；城镇登记失业率控制在4%以内，城镇调查失业率保持在5.5%左右；创业大学建设、稳就业“组合拳”等工作做法先后两次入选国务院大督查典型经验。

骄人的成绩，源自各级人社部门对千方百计稳就业形成的共识。

山东省委主要领导对就业工作多次作出指示、批示，对稳定就业大局提出明确要求；省政府主要领导连续5年召开全省就业工作会议，对就业工作进行部署安排；省政府建立省就业和农民工工作领导小组机制，每年制定工作要点，协调推进全省就业工作……高位推动，提振信心。

稳就业的决心，源自维护地区经济社会发展大局的责任和担当。

十年间，山东省强化就业优先政策，促进经济发展与就业增长良性互动，坚持经济发展就业导向，千方百计扩容量、稳总量、提质量；培育壮大“十强”优势产业和“四新”经济，在全省新旧动能转换初见成效的同时，就业空间不断拓展，就业选择不断增加；面对新冠肺炎疫情冲击，全力落实援企稳岗政策措施，为市场主体减负纾困、稳岗拓岗……就业稳，则民心安。

保就业的底气，源自政策出台的前瞻性和系统性。

十年间，山东省政府先后制定实施30多个促进就业政策文件，加快构建起“普惠共享”的就业政策支持体系；新冠肺炎疫情以来，连续出台“稳就业24条”“保居民就业34条”“灵活就业20条”等；每五年制定一轮促进就业规划，为就业工作提供科学指导……用系列政策夯实基础。

促就业的信心，源自措施“落地”的使命感和紧迫感。

“春风行动”就业鲁渝行云阳站活动现场。

山东省 2020 年“春风行动”活动现场。

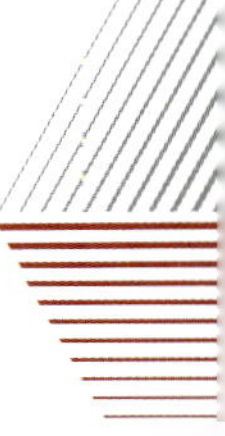

十年间，山东省强化督导落实，将促进就业情况作为对各级党委政府高质量发展绩效考核的重要指标，先后开展 3 次全省就业创业工作表彰，促进责任落实、工作落地；通过普法宣传月等活动，深入宣传解读就业促进法律法规政策，建立政策落实定期通报制度，推行“政策找人”“免申即享”，让惠企惠民政策真正落地落实……用硬核举措汇聚力量。

“就业是最大的民生工程、民心工程、根基工程，是社会稳定的重要保障，必须抓紧抓实抓好。我们牢固树立以人民为中心的发展思想，大力实施就业优先战略，不断健全有利于更加充分更高质量就业的体制机制，有力地促进了就业局势稳定，为我省高质量发展提供了支撑和保障。”中共山东省委组织部副部长、山东省人社厅厅长梅建华说。

新字当头　撬动发展新支点

十年前，济南市启动“才聚泉城”名校行活动，“打造一流环境吸引一流人才，用好一流人才建设一流城市”的活动目标，为济南市快速发展提供了有力支撑。

如今，这项活动已成为一项系统工程，在解决高校毕业生就业、精准服务广纳贤才的同时，提升城市品位、扩大社会共识，为产兴民富地方发展涵养人才生态，为人与城市共兴共融提供“泉城方案”。

这样的创新，意义不凡。

与时俱进的创新理念已经成为山东省就业领跑全国的关键

变量。

以工代训、“稳就业 24 条”等政策举措得到肯定；高校毕业生就业、创业担保贷款、稳岗留工等多项工作在国务院和有关部委工作会议上介绍经验……这一系列的创新，让山东省就业工作彰显出强大辐射力。

房地产销售送起了快递，酒店领班成为工厂工人——这是青岛市的就业新景。

2022 年 2 月 21 日，青岛明梓东昱汽车销售服务有限公司的 6 名员工与青岛海信日立空调系统有限公司通过共享用工平台签订一个月的短期合同，在车间一线承担组装工作，成为首批“尝鲜”用工新模式的员工。

“共享用工”模式，成为新冠肺炎疫情冲击下推动企业和劳动者共克时艰的创新范本。

十年间，山东省出台支持多渠道“灵活就业 20 条”，在全国率先制定新就业形态灵活就业意外伤害保险补贴，积极支持劳动者从事共享经济、平台经济，网约车司机、外卖骑手等新职业、新就业形态快速增长，灵活就业也成为吸纳青年就业的新“蓄水池”。

“随着经济社会的加速发展，再没有哪一种就业模式可以一成不变，只有坚持创新，就业工作才能具有持续原动力。”山东省人社厅副厅长侯复东说。

哪里有难点，哪里需要突破，哪里就有创新。

自 2019 年开始，山东省在全国率先开展企业技能人才自主

评价试点，将评价权交给企业，让企业真正掌握用人“话语权”；创新实施城乡公益性岗位扩容提质行动，实行“基本＋专项＋特定＋急难”的四位一体援助模式，对就业困难人员优先扶持和重点帮扶等这一系列的探索，让山东省就业工作迸发出鲜活的生命力。

持续的创新，迎来就业量质齐升。山东省第一、第二、第三产业就业人员占比由 2012 年的 33.1 ：34.2 ：32.7 变为 2020 年的 24.9 ：33.4 ：41.7，第三产业成为就业的主渠道；城镇就业人员比重由 47.1%上升到 60.7%，城乡就业格局持续优化。

暖字当前　增强民众获得感

24 小时热水、免费发放劳保用品和工作服、免费参加技能培训，潍坊市奎文区“零工客栈”里的这些服务项目让 58 岁的王胜民心里倍感温暖。

“‘零工客栈’给了我们家一样的感觉，不仅干活有了保障，心里也有了依靠。”王胜民道出了众多“零工”的心声。

面对群众的期待，山东省以潍坊市为样本，统一规范建设 653 个零工市场，让打零工者有了歇脚地，给用工人吃了“定心丸”。

山东省公共就业和人才服务中心主任衣军强说：“山东省将不断规范零工市场建设，确保各县（市、区）在 2022 年年底前，至少规范发展一处公益性质的零工市场，为灵活就业人员提供免费优质的公共服务。”

情牵就业暖人心。每一位齐鲁大地儿女的就业情怀，让就业

“零工客栈”组织的零工技能大赛活动现场。

工作真正成了温暖百姓的“暖心工程”。

落实援企稳岗政策措施，为市场主体减负纾困、稳岗拓岗；最大范围实施缓缴社保费政策，为众多企业输血赋能、共渡难关。

“在最困难的时候，是人社部门为我们送来切切实实的帮助，让企业倍感珍惜。”这样的感叹，是企业最真诚的褒奖。

十年间，山东省人社部门始终将高校毕业生就业放在就业工作的首位，须臾不放松。

完善扶持政策，畅通就业渠道，使更多毕业生能够立足基层、立足一线、立足岗位成长成才。多年来，高校毕业生毕业去向落实率连续保持在 90%以上。

“原本以为，走出大学校门就像是断了线的风筝，没想到人社部门帮我安排了见习岗位，很感恩。”这样的诉说，是学子最直接的称赞。

从“电话接不停，网上订单响不停”到带动周边村民 400 余人建立原创汉服产业中心，返回菏泽市创业的胡春青，一路感受到惠民服务的暖阳。

十年间，“胡春青”们在齐鲁大地上尽情放飞创业梦想。

山东省全力推进创业齐鲁建设，开展创业服务质效提升行动，努力解决创业中存在的缺资金、缺场所、缺氛围等“急难愁盼”问题，进一步优化创业生态，厚植创业热土，创业带动就业的倍增效应逐步显现。2012 年以来，全省共发放创业担保贷款 1 377.69 亿元，2020 年和 2021 年两年，创业担保贷款发放量持续居全国第一。

山海相望共发展，心手相连情绵长。

十年间，山东省开展就业精准扶贫，在全国创新打造“就业扶贫车间 + 互助扶贫公益性岗位 + 劳务扶贫合作社 + 创业扶贫工坊”特色就业扶贫模式，全省贫困劳动力每年务工就业规模保持在 40 万人左右，东西部劳务协作连年超额完成国家下达的目标任务。

雄关漫道真如铁，而今迈步从头越。新的时代，齐鲁儿女必将在坚定的前行步伐中，孕育出更加绚烂的就业之花！

（王宝杰）

河南：

奋楫笃行，谱写出彩中原技能新篇

生产加工产品精度可达到头发丝直径 1/15 的梁兵、打破钧瓷“十窑九不成”烧成模式的孔春生、接受农业种植技能培训并被评为高级工的张东青……从先进制造业到战略性新兴产业，从现代服务业到农村田间地头，在中原大地，一大批技能人才在自己的岗位上发光发热，用奋斗与汗水书写精彩的人生，更绘就了“技能河南，人人出彩”的时代画像。

党的十八大以来，习近平总书记四次到河南省考察，在 2019 年全国两会期间参加河南代表团审议，寄予河南“在中部地区崛起中奋勇争先，谱写新时代中原更加出彩的绚丽篇章”的殷切期望。

学习贯彻习近平总书记考察河南重要讲话、重要指示精神，河南省抓住促进中部地区崛起战略机遇，把制造业高质量发展作为主攻方向，加快培养高素质劳动者和技术技能人才，为推动经济社会高质量发展和“技能河南”建设提供有力支撑。

紧扣发展需求　锻造技能河南

盾构机、新能源客车、光通信芯片等产业的技术水平和市场占有率位居全国首位；高铁轴承、光互连芯片关键核心技术取得新突破；机械化、智能化的现代农业让小麦良种扎根沃野；打造内陆开放高地，空陆网海“四条丝绸之路”联通世界……

党的十八大以来，河南省聚焦高质量发展，产业转型升级明显加快。亮眼成绩的背后是大量技能人才长期艰苦磨炼、扎实提高技艺的结果，更是越来越多的中原儿女投身技能成才、技能报国之路的生动缩影。

确保高质量建设现代化河南、确保高水平实现现代化河南，离不开一支高素质劳动者队伍。

盛夏时节，在信阳市光山县马畈镇中寨村，稻田里一派繁忙景象，种粮户胡克祥满心欢喜。“以前靠传统的方式只能耕作 7 亩责任田，年收入少。参加农机实用技术培训后，我承包了村里其他人的责任田共 100 多亩，今年全部种上水稻，能有 5 万元的收入。”胡克祥高兴地说，“技能培训让我们这些种粮户懂技术、会管理、能创新，种粮信心更足了。”

粮安天下，农稳社稷。河南省是农业大省，坚决扛稳粮食安全重任，围绕藏粮于地、藏粮于技，河南推动各类乡村技能人才培养，扎实做好高素质农民培训持证工作，让更多高素质农民实现一技在身、一证在手，走出了独具中原特色的高素质农民培育新路。

“作为一家制造业企业，企业发展转型升级，离不开一批技术型、技能型人才的支持。”蔚林新材料科技股份有限公司负责人王飞说，“借助‘人人持证、技能河南’，企业累计培养技术骨干 65 人、研发骨干 27 人、技术工人 400 余人，并打造河南省绿色化工实训基地，聚焦化工产业转型发展培训人才 8 000 余人。”

技能变动能，转型增活力。河南省传统制造业积淀深厚，助力战略性新兴产业跨越发展，重点围绕新一代信息技术、智能装备等先进制造业，优先开展先进制造业从业人员技能提升培训和高技能人才“金蓝领”技能提升项目制培训，每年完成培训 30 万人次以上。

“人人持证、技能河南”建设，为 1 亿多人插上技能翅膀，更绘就了出彩中原的精彩画卷。到 2025 年，共完成 1 500 万人次职业技能培训，基本建成全国技能人才高地；到 2035 年，从业人员基本实现“人人持证”，全民能力素质明显提升。

目标笃定，蹄疾步稳。从实施项目带动到大规模开展职业培训，从出台职业培训条例到深化职业院校改革……推动全民技能振兴工程成为“技能河南”建设的重要抓手。

“我们还坚持省部共建，顶层规划河南职业培训和技工教育建设蓝图，构建了人社等 36 个部门共同参与的职业技能培训体系，高质量建设人社部支持我省的 43 个国家级高技能人才培训基地和 59 个技能大师工作室，全力打造技能人才高地。”河南省人社厅党组书记、厅长张国伟介绍说。

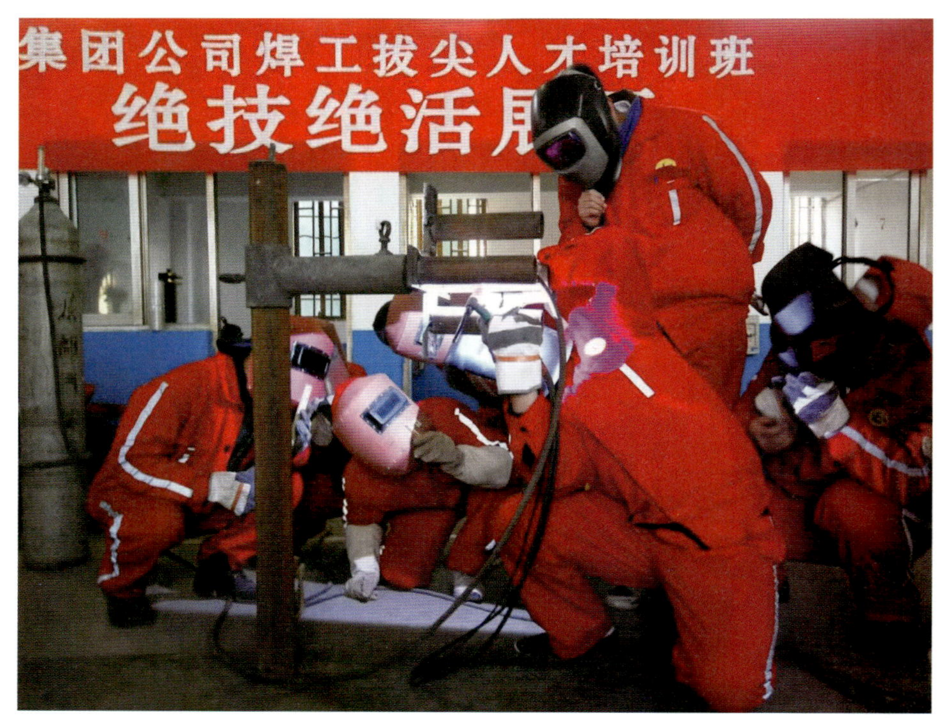

2022 年“五一”国际劳动节期间，中原油田培训中心焊接培训基地开展“焊工拔尖人才培训绝技绝活展”活动。

技能培训的全面发力，产出的是累累硕果。2022 年上半年，河南省累计完成补贴性培训 76.22 万人次，截至 2022 年 7 月底，全省技能人才总量达 1 330.52 万人，其中高技能人才 372.6 万人。第一、第二、第三产业取证结构进一步优化，第二产业中的战略性新兴产业、未来产业取证占比持续攀升。

非凡十年，河南省紧紧围绕高质量发展需要，从制造业大省的结构调整、转型升级，到巩固脱贫攻坚成果，全面推进乡村振兴，再到藏粮于地、藏粮于技，保障国家粮食安全，把人口红利转变为人才红利，再造发展优势，在广袤中原大地奏响了在新时代赛场的“技能之歌”。

建强技工教育　营造良好环境

2021 年 7 月，从河南化工技师学院仪表技师班毕业后，因为专业对口，潘文恒收到了多家企业提供的就业机会。“现在我已经转正成为一名生产工程师，每月工资 7 000 多元，就业前景很好。”潘文恒说。技能人才越来越抢手，这背后是技工教育的高质量发展。

对接市场需求，服务发展大局。近年来，河南省大力推动技工教育发展，加快教育教学改革，推进技工教育、技能培训与产业需求深度融合，专业设置与产业结构全面贯通，瞄准河南省的经济发展和产业结构调整对高技能人才的需求，优化院校布局，推动以培养高技能人才为主的技师学院发展，技工院校办学能力和办学质量得到了显著提升，毕业生就业率连年稳定在 98%以上。

截至 2021 年年底，河南省 31 所技师学院在校生人数达 24.27 万人，占全省技工院校在校生总数的 78.8%，其中高级工以上在校生 11.5 万人，占全省技工院校高级工以上在校生总数的 96.7%。

必要的社会认可，是技能劳动者应有的成长环境。

回忆在第三届全国智能制造应用技术技能大赛的备赛时光，郑州商业技师学院学生段旭龙依旧激动不已。“备赛期间正值暑假，我和训练导师顶着 30 多摄氏度的高温训练，熬夜调试流程是训练常态。”段旭龙说。从那时起，他的参赛之路也正式开启。从郑州市第七届职业技能大赛到河南省第一届职业技能大赛，大

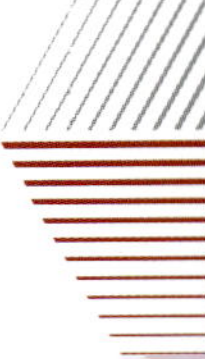

赛经历让他懂得每一名技能学子都可以在广阔的技能舞台上展示自己的人生价值。

职业技能竞赛能有效地激发劳动者的热情，更有利于营造技能成才的良好社会氛围。近年来，河南省大力开展职业技能竞赛，积极推动竞赛成果转化，每年组织开展近 70 个职业（工种）的职业技能竞赛系列活动，参赛人数突破百万。

让技能成为潮流，河南省还于细处“落子”，健全完善技能

2022 年 6 月 25 日，由河南省政府主办的河南省第一届职业技能大赛在郑州开幕。

人才评价体系，持续深化“放管服”和职业资格制度改革，推动形成科学化、社会化、多元化的技能人才评价机制，推进企业工资分配制度改革，建立针对技术工人的补助性津贴制度，设置技术等级补贴，技能人才成长成才通道不断畅通，在中原大地营造了技能成才的良好社会氛围。

发展技能品牌　推动就业创业

广袤中原大地，技能成就精彩人生。

走进光山县元宇宙职业培训学校有限公司内，从大学生到返乡农民工，再到退役军人、残疾人等各类群体正接受电商培训，热闹非凡。

“今年，依靠人社等部门提供的扶持政策，我们创办了这家公司，对创业就业人员开展电商培训。”公司负责人张金戈介绍说，“公司已经累计培训上千人，指导种植户、茶农等开展电商带货，带动本地经济发展，其中培训电商带头人 132 人，村干部普及培训 1 410 人，把更多普通人变为电商达人。”已正式实施的“河南电商”三年培训行动将培训 15 万人，截至 2022 年 6 月底，已培训取证 8.04 万人。

如今，不止“河南电商”，在技能加持下，“林州建工”“平舆防水”“长垣厨师”“唐河保安”“遂平家政”等一大批劳务品牌加快建设，不仅增加了居民收入，还带动了相关产业发展。“借助长垣市劳务品牌建设的东风，2018 年，我们创办了河南江恺建设有限公司，现在企业每年能有接近 380 万元盈利，发展势头很

好。”公司总经理张永胜说。

河南省是农民工大省，聚焦农民工就业创业能力，河南省持续实施农民工“春潮行动”、新生代农民工职业技能提升计划和返乡创业培训计划，使更多农民工掌握一技之长和必要的职业素质。

同时，为巩固拓展脱贫攻坚成果与实施乡村振兴战略有效衔接，河南省以就地就近向产业集聚区转移就业为重点，为有培训意愿和就业能力的农村劳动力提供“一对一”精准培训，年完成培训50万人次以上。“以前也从事服务性工作，但因为缺少技能，工资收入低，接受政府补贴性技能培训后，工资翻了几倍，孩子上大学和家里的经济开支不用愁了。”家住南阳市淅川县的刘焕荣高兴地说。

技能强省，“匠心”铸就。如今，在中原大地，越来越多的技能人才在各自平凡岗位上默默坚守、孜孜以求，谱写了“技能河南，人人出彩”的时代新篇章。

（邢泽宇　孙琦英）

湖北：

书写高质量就业的“荆”彩诗篇

长江之畔，荆楚大地，非凡十年，逐梦前行。

党的十八大以来，习近平总书记五次到湖北考察，在 2020 年全国两会期间参加湖北省代表团审议，为湖北省的发展指引方向、擘画蓝图。

以习近平新时代中国特色社会主义思想为指导，紧扣高质量发展需求，湖北省正努力建设全国构建新发展格局先行区，加快建成中部地区崛起重要战略支点，以科技创新发展为新动力，创建就业新增长极，持续保障和改善民生，奋力书写湖北就业高质量发展新诗篇。

聚发展　强技能　就业质量不断提升

盛夏时节，武汉青山江滩边，江水清澈，游人如织，是市民消暑纳凉的好去处。

湖北省是长江流经里程最长的省份。近年来，湖北省把修复长江生态环境摆在压倒性重要位置，构建长江大保护长效机制，

扎实推进长江十年禁渔，生态环境质量持续改善，走出一条生态优先、绿色发展的新路子。

十年禁渔，功在当代，利在千秋。

“祖辈就是靠打鱼为生，如今退捕上岸，开始了新生活。”宜昌当阳市两河镇退捕渔民史三友说。上岸前他还比较担心，不知道该干些什么，后来人社局工作人员到他家里了解情况，推荐他参加创业培训班，系统化的创业课程让他掌握了基本的创业知识。

“在创业担保贷款支持下，现在我建起了标准化的生牛养殖基地，每年的收入也能达到 5 万到 8 万元，自己很满意，相信未来日子会越过越红火。”史三友充满信心地说。

让退捕渔民上岸就业有出路、长远生计有保障。“湖北持续开展退捕渔民安置保障工作推进行动，加强跟踪监测服务，人社部实名制信息系统中，湖北省建档立卡退捕渔民有 31 952 人，需转产安置渔民 23 125 人，已全部转产就业。”湖北省人社厅相关负责人说。

非凡十年，坚持“绿色崛起”的同时，湖北省加大高新技术企业培育力度，加强关键核心技术攻关，加快高新技术产业发展，科技创新多项指标实现大幅提升，转型升级明显加快。

高质量发展的背后是湖北省坚持培养和吸引人才的强力支撑。

2022 年 6 月，从中国科学技术大学物理化学专业取得博士学位后，在“院校人才工作联络站”的牵线搭桥下，郑磊回到家乡，来到宜昌兴发集团牵头的湖北三峡实验室，从事新能源电池磷酸铁锂材料的研究工作。“我是宜昌人，但我更看重的是湖北对人才的重视，从前期的各种引才活动到入职后的各种人才服务，这些措施让我信心满满。”郑磊说。

人才是第一资源，是发展的第一动力。为培养和吸引人才，湖北省坚持把高校毕业生就业摆在就业工作首位，大力实施“我选湖北”计划、“才聚荆楚”工程，围绕高校毕业生落户、安居、就业、创业、服务保障等方面提出 20 条具体措施，建设大学生就业见习、创业孵化等平台，举办巡回推介系列活动，实施“三支一扶”计划等就业基层项目，为高校毕业生在鄂就业创业营造良好环境。2017 年至 2022 年 6 月，湖北省累计新增 205 万名高校毕业生就业创业。

现代化赛道上，技能人才密度大大影响着社会发展进度。

2022年湖北省大学生创业大赛现场。

炎炎夏日，在襄阳市谷城金诺机械有限公司内，55岁的钟文军正开着叉车在仓库里穿梭，对各分拣位进行补货作业。“开叉车可是个技术工种，叉车专业数值的计算方法、技术要领，这些作业的常识都要掌握，还要严格执行叉车操作程序。”钟文军说。他在接受人社部门组织的技能培训后，凭借过硬技术，不仅好找工作，还成为了技术能手。

近年来，湖北省大力实施技能强省战略，打造劳动者终身培训体系，着力培育“湖北工匠”，大规模开展就业技能培训、创业培训和岗位技能提升培训。实施“湖北省紧缺技能人才振兴计划”、农民工技能提升“春潮行动”、职业技能提升三年行动计划，扩大以工代训范围，截至2022年6月底，全省技能人才总量达到944万人，占就业人员总量的比例超过27%，其中高技能人才总量达286万人，占技能人才总量的比例达到30.3%。

荆楚新天地，就业谱新曲。党的十八大以来，聚焦高质量发展，湖北省不断强化就业优先政策，在克服新冠肺炎疫情、国际局势变化等不利因素影响，确保就业局势总体稳定的同时，深入实施提升就业服务质量工程，群众就业质量更高、方式更灵活、保障更有效，获得感、幸福感进一步增强。

稳主体　保民生　就业规模持续扩大

就业是民生之本。稳就业，就要稳市场主体、稳就业岗位。

“疫情之下，稳岗返还资金不仅大大减轻了企业经营压力，也激励我们企业要在稳就业、拓岗位上发挥作用。”中国铁路武汉局集团有限公司有关负责人介绍，公司 2022 年已收到稳岗返还款 8 298.63 万元，将用于员工培训、待遇提升等。

2012 年以来，湖北省人社部门积极实施社保“降、返、免、缓、补”、以工代训等各项援企政策，让政策和资金以最快速度、最简流程、最低门槛直达企业，全省发放稳岗返还资金 116.2 亿元，惠及企业 29.3 万家（次），稳定就业岗位 2 424.9 万个（次），有力服务了稳就业和促进实体经济发展。特别是 2020 年以来，在统筹推进疫情防控和经济社会发展的大背景下，湖北省各项减负稳岗扩就业措施作用进一步凸显，激励更多企业在稳促就业上发挥作用。

不仅是“真金白银”援企稳岗，服务专员更为企业提供精准服务，解决用工难题。

走进湖北美的电冰箱有限公司的冰箱制造基地，机械化操作生产现场一片繁忙景象。“我们是用工大企，对劳动用工及专业技术人才需求都比较大。”公司负责人介绍。荆州市人社部门的人社专员聚焦招工难题，协助企业参加线上线下招聘会 44 场，帮助他们累计招工 1 612 人，通过校企合作联合办班计划输送人才，极大解决了公司的后顾之忧。

据悉，2022 年以来，为化解重点企业、重点项目缺工难题，湖北省 538 名用工服务专员“包点”对接，帮助 2 259 家（个）重点企业、重点项目解决用工 22.93 万人。

布置场景、引导动作、翻转相机……夏日清早，在广州舞动摄影工作室（武汉店）内，程文正专注于拍摄工作。“曾经因为

2022 年宜都市“春风行动”招聘会现场。

没有一技之长，找不到合适的工作，长期失业在家。”回忆过去，程文感慨地说。是人社部门组织的摄影师免费培训班，圆了他摄影师的梦想，每个月空余时间还可以自由接单，到手工资非常可观。

扶持重点群体，精准施策帮扶就业。2012 年以来，湖北省对脱贫人员、就业困难人员、退役军人、残疾人、妇女、退捕渔民开展各项帮扶，推动全省脱贫劳动力外出务工人数稳中有增，累计帮扶失业人员再就业 315.49 万人，就业困难人员就业 173.1 万人。

建品牌　强供给　就业服务不断优化

“竹溪厨嫂”每年带动 4 万余人从事餐饮行业，年创收 20 多亿元；“公安锅盔师”撑起近 5 万人灵活就业；“监利玻铝商”用一把玻璃刀划出了“华中生态铝产业园”；“新洲建筑工”撑起了新七、新八、新十建筑集团 3 个民营五百强企业……

2011 年，湖北省组织各地开展劳务品牌“一县一品、一县多品”创建，截至 2022 年 6 月底，湖北省共树立劳务品牌 184 个，基本实现了劳务品牌全覆盖。

在湖北襄阳光彩建材市场，建材类商业主体众多，零工用工需求旺盛。走进云湾社区零工驿站内，大厅宽敞明亮，电子显示屏滚动发布各类岗位信息、培训信息。“以前在市场里只能到处

2022 年，“新洲建筑工”等 10 个品牌被评为“湖北省第四批十大劳务品牌”。图为“新洲建筑工”在施工现场。

找散活，现在有了零工驿站，接活儿更方便了，零活儿也更多了。”灵活就业人员肖军高兴地说。肖军通过零工驿站报名参加了水电工技能培训，如今在湖北亿信华联机电设备有限公司上班，成了公司的正式工。

深入基层一线倾听群众呼声，以“小切口”推动“大变化”。2021 年 9 月，湖北省在全省范围内建立推广零工驿站，现如今，

湖北省已建成零工驿站248家，实现县（市、区）全覆盖，日服务灵活就业人员万余人，为灵活就业人员就地就近就业提供暖心服务。

湖北省还大力推进全方位、立体化就业创业服务网络建设，建成“15分钟公共就业服务圈”，全面落实“23℃人社服务”品牌理念，为公共就业服务注入更多温度。

十年栉风沐雨，十年风雨兼程。如今，日新月异的荆楚大地，就业质量不断提升、就业规模不断扩大、就业服务不断优化，谱写了高质量就业的“荆”彩华章。

（邢泽宇　曹妤）

湖南：

工伤保险阳光雨露洒向三湘四水

洞庭之南，芙蓉国色。一方红色热土，推动高质量发展闯新路。

党的十八大以来，习近平总书记三次到湖南省考察调研，为湖南发展锚定新坐标、明确新定位、赋予新使命。三湘四水间，湖南省持续完善工伤保险制度体系，不断扩大工伤保险覆盖范围，积极推动公务员参加工伤保险工作，健全公务员权益保障机制。

非凡十年，站在新的历史起点，填补制度空白，消除保障死角，工伤保险的阳光雨露洒向社会每个角落。

市州早期探索　形成良好共识

长期以来，公务员和企业职工实行不同的工（“公”）伤保障制度。

“工伤职工按照《工伤保险条例》相关政策核报工伤医疗费用和相关待遇，而公务员发生工伤职责不明确，政策不清晰，需要在制度上进一步完善。”湖南省人社厅副厅长周光明说。

事实上，公务员要求参加工伤保险的呼声一直很高。“除了

工伤发生率较高的公安、消防、城管等部门，机关事业单位发生生产性工伤事故概率低，这是公务员群体一直未纳入工伤保险保障范围的主要原因，但该群体发生工伤的风险同样存在，尤其是基层公务员。”湖南省人社厅工伤保险处处长廖云飞认为。

针对这一局面，湖南省部分市州探索开展了公务员和参公管理事业单位工作人员参加工伤保险工作。

2006 年，永州市工伤保险经办机构成立伊始，即推动公务员参加工伤保险；2009 年，永州市实行工伤保险基金市级统筹，统一公务员参保政策，持续扩大工伤保险覆盖面。

“2010 年，郴州市所有机关单位、参照公务员管理事业单位

2022 年 7 月，郴州市工伤保险管理服务中心组织学习《湖南省公务员工伤保险管理实施办法》。

和社会团体在职人员全部纳入工伤保险参保范围，以各单位全体工作人员应发工资之和为基数，按0.5%基准费率缴纳工伤保险费。”郴州市工伤保险管理服务中心主任胡江说。

此前，公务员公伤认定、待遇享受涉及组织、民政、财政等部门，“九龙治水”造成部门工作职责不明确，认定鉴定标准和程序不统一，也导致结果差异和相互攀比。

“湖南部分市州公务员参加工伤保险后，规范了公务员群体工伤认定、劳动能力鉴定的程序，理顺了职责，切实保障了工伤职工权益，在各级政府、机关事业单位及其工作人员中形成了良好共识。”廖云飞说。

在探索过程中，湖南各试点地区之间存在政策不一致、待遇不平衡等问题。比如，有的地方完全按照《工伤保险条例》执行，有的地方机关公务员参加工伤保险以后，工伤保险基金仅支付工伤医疗待遇，其他待遇依然按照原政策、原渠道解决。

“经过十余年探索实践，湖南省人社系统上下形成共识，那就是随着工伤保险统筹层次提高，必须出台全省统一的公务员参加工伤保险的政策，把公务员统一纳入工伤保险制度保障范围。”周光明表示。

全省统一制度　强化顶层设计

2020年3月19日，在长沙市交通运输综合行政执法局，抗疫英雄鲁力的家属收到工伤保险部门先行支付的88.38万元一次性工亡待遇。

作为长沙市交通运输综合行政执法局岳麓大队大队长，鲁力在疫情防控第一线连续工作 54 天，因劳累过度、心搏骤停而去世。

经过细致周密调查，长沙市人社局对“逆行”抗疫英雄鲁力同志出具“认定工伤决定书”；用速度传递温情，开通“绿色通道”，上门受理工伤待遇申请，在短短 2 小时内便完成系统审核、待遇确认、出具支票等一系列工作，及时妥善支付工亡待遇。

公务员是社会主义事业中坚力量，将公务员纳入工伤保险覆盖范围，对加强公务员队伍建设、完善工伤保险制度体系具有重要意义。

“在人社部明确公务员参加工伤保险的具体要求之后，湖南

2020 年 3 月 19 日，长沙市工伤保险服务中心为抗疫英雄鲁力同志的家属（左二）送去 88.38 万元一次性工亡待遇。

省人社厅在省内外多次调研，会同相关部门协商研究，结合本省实际和市州经验，出台全省统一的《湖南省公务员工伤保险管理实施办法》。”周光明说。

推动公务员工伤保险制度改革，是湖南省人社事业“十四五”规划的重要内容，更是不断完善工伤保险制度体系、不断扩大工伤保险参保人群、切实保障公务员权益的必然要求。

《湖南省公务员工伤保险管理实施办法》（以下简称《实施办法》）保障遭受工伤的公务员及时获得医疗救治和工伤康复，并依法依规享有一次性伤残补助金、生活护理费、一次性工亡补助金、供养亲属抚恤金等补偿待遇。“将公务员纳入工伤保险制度范围，解除公务员后顾之忧，有利于稳定公务员队伍，保障公务员合法权益。”长沙市工伤保险服务中心主任王平说。

“将公务员与企事业单位职工一视同仁纳入工伤保险制度范围，充分体现省委、省政府对全省公务员的关心爱护和保障支持。”长沙市天心区纪委监委派驻区政府办纪检监察组干部姜越君欣喜不已。

《实施办法》出台后，永州市公务员工伤保险实现全覆盖。“之前由于省一级没有明确政策，少数单位参保意识不强，人社部门无法采取强力措施促进公务员参加工伤保险。”永州市人社局工伤保险科科长胡乐兵说，《实施办法》促进工伤保险待遇公平，公务员工伤后待遇得到保障，相关工作职责进一步明确，工作流程大为简化。

明确细化政策　认真抓好落实

“受伤之后，我第一时间接受医疗救治。在我住院期间，定点机构就介入制定康复训练计划，为我准备康复训练。”炎炎夏日，永州市某机关公务员龚广峰很感动。7月初，在永州市直单位职工篮球赛小组赛上，他因拼抢激烈而摔倒受伤，被诊断为交叉韧带断裂、半月板损伤。

之前永州市工伤保险服务中心主动上门服务，为龚广峰所在单位申报登记参加工伤保险。2022年1—7月，该单位共缴纳工伤保险费8 253元。

龚广峰算了一笔账，他1个多月住院期间报销医疗费用7万余元，转入康复机构后，康复费用1.5万元；经劳动能力鉴定为十级伤残，工伤保险基金支付一次性伤残补助金5.2万余元，共计13.7万余元。

2022年以来，湖南省人社部门全面落实机关公务员参加工伤保险工作，对公务员工伤保险政策进行解读，对征缴业务、参保登记经办业务、工伤保险待遇、权益申报进行说明。

中央在湘单位、省直机关、参公事业单位公务员如何参保？因工作调动，与单位解除或终止劳动关系等情形，如何支付待遇？《实施办法》对这些问题一一明确细化。

“目前，湖南省各级机关单位及其工作人员已全部纳入工伤保险制度保障范围。”周光明说。

为适应“互联网＋人社”工作的大趋势，湖南省以金保二期工程为依托，加强信息化建设工作，构建业务流程一体化、服务内容便民化的信息化应用格局。

“长沙启动工伤认定网上经办模块，将公务员工伤认定申请纳入网上申请，工伤职工和用人单位‘足不出户’即可办成工伤认定事项。”王平表示。

下一步，湖南省将加强与公安、民政、卫健等部门之间的经办衔接，实现数据共享，避免待遇重复享受；完善相关政策体系，认真抓好政策落实，维护公务员工伤权益，推动工伤保险事业高质量发展。

（游翀）

广东：

擦亮南粤和谐劳动关系的“名片”

南粤春来早。

作为改革开放的“桥头堡”，广东省不仅是中国改革开放的前沿高地，也是党的十八大以来我国构建和谐劳动关系的一张亮丽“名片”。

湾区联调中心建设、电子劳动合同试点、出台首个维护新就业形态劳动者劳动保障权益综合政策文件、省市共建和谐劳动关系综合试验区……广东省和谐劳动关系在探索实践中不断唱响“春天的故事”。

和谐创建　打造劳动关系领域“金字招牌”

成立全国第一家和谐劳动关系促进协会、成立全国首个劳动关系公共服务中心、被人社部选为部级深化构建和谐劳动关系综合配套改革试点、获评广东省第一批和谐劳动关系示范区……这是深圳市盐田区近年来在和谐劳动关系创建工作领域所取得的亮眼成绩，同时也是党的十八大以来，广东省在和谐劳动关系创建工作领域不断探索创新的一个缩影。

为什么广东省的和谐劳动关系创建能取得显著的阶段性成果？强大的组织能力和机制创新是这个问题的“标准答案”。

党政领航，一把手抓和谐创建，这是广东省和谐创建的一个突出特点。区领导定期听取汇报，协调推动各项工作开展；区委书记、区长亲自推动各项工作落实、建立综合试验区周例会制度；赋予社会组织负责人政治地位，区和谐劳动关系促进会会长被任命为区人大常委……中山市火炬开发区，深圳市盐田区、坪山区等地的上述党政领航经验做法夯实了当地构建和谐劳动关系的坚强组织体系。

众所周知，劳动关系领域中，尤其是工程建设领域最为突出的问题是“两欠一转”（拖欠工程款和拖欠农民工工资款以及层层转包）。作为改革开放、实践创新的一方热土，面对欠薪“顽疾”，广东省人社部门突出机制创新，从源头破解难题，形成可复制推广的劳动关系制度理论成果。

广州市花都区完善“劳动纠纷欠薪应急周转资金”制度，试点建立“欠薪逃匿企业工人生活费准备金”制度；深圳市盐田区制定企业转型升级分类指引规范手册，为新入园企业、转型企业、搬迁解散企业提供专业的个性化服务；中山市火炬开发区专门加大投入，建设劳动监察指挥中心，实时掌握辖区内不稳定因素的机制，都为“广东特色”和“广东模式”积累了经验。

“五年来，各综合试验区勇于探索实践，大胆改革创新，逐渐形成‘五种模式、四个率先’的广东经验特色。”广东省人社

中山市人社局结合企业用工特点，以不打扰企业正常经营运转为前提，深入企业，着重对与劳动者权益息息相关的《中华人民共和国劳动法》《保障农民工工资支付条例》进行“面对面”“零距离”宣讲。

厅相关负责人介绍。

所谓“五种模式”是指广州市花都区的“服务产业、协商优先”模式、深圳市盐田区的“一体三翼”模式、深圳市坪山区的“一性四化”模式、惠州市大亚湾区的“三治理四协商”模式、中山市火炬开发区的“八七”模式。“四个率先”是指率先探索建立劳动关系公共服务体系、率先探索组建劳动关系社会组织、率先探索构建多元化协商协调机制、率先探索形成多层次和谐创建评价指标体系。

如今，“五种模式、四个率先”不仅成为了广东省在构建和谐劳动关系方面的经验积累，也成为了各地构建活动中的“金字招牌”。

中山市推进实名制、分账管理、工人工资保证金管理等各项制度落实，人社部门定期会同镇街住建、交通、水务等行业主管部门对辖区内在建工程项目开展实地检查，督促建筑企业依法经营，筑牢欠薪治理防线，促进建筑企业健康发展。

调解仲裁　粤港澳和谐劳动用工制胜法宝

2019 年 10 月 16 日，一场特别的劳动争议案件在广州市南沙区劳动人事争议仲裁委员会第一仲裁庭开庭审理。这是一起港资企业与香港劳动者之间发生在内地的劳动争议案件。说它特别，是因为这是全国首宗港澳籍仲裁员参与审理的内地劳动争议案件，并且出具了香港回归以来首份由香港籍仲裁员署名的内地劳动争议仲裁文书。

这位香港籍仲裁员的名字叫黄江天。对于首次参审内地劳动争议案件，这位全国首批获聘为港澳籍劳动人事争议仲裁员的专

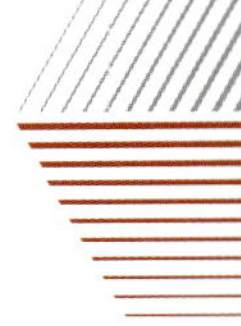

业人士说：“此次以仲裁员身份到内地参与劳动争议案件审理，也是希望助推香港融入国家发展大局。法律是为人民服务的，这些改革创新将为人民争取更多获得感和幸福感。”

黄江天的这段工作经历，其实是广东省创新粤港澳大湾区（以下简称大湾区）劳动争议社会治理，构建劳动争议多元处理机制宏大图景的一个生动的诠释。

近年来，随着港珠澳大桥通车以及通关便利化、港澳台居民在内地就业许可取消、大湾区内各城市吸引人才的计划相继出台等促进人力资源要素流动的政策措施落地，人员流动制度的障碍消减，在大湾区内地投资创业和就业的港澳人士日益增多。

与此同时，涉港澳台劳动争议案件日渐增多。2021 年，大湾区内地九市仲裁机构受理的涉港澳劳动争议案件达到 6 732 件。为积极贯彻落实人社部与广东省人民政府战略合作协议，构建劳动争议多元处理机制，广东省设立粤港澳大湾区劳动争议联合调解中心（以下简称联调中心）。

“我们联调中心的定位是，在人社部指导、粤港澳三地劳动行政部门共同推动下，由三地调解组织联合组成的，立足广东面向港澳企业和港澳劳动者，提供劳动保障法律咨询、办事指引及纠纷调处服务的区域性劳动争议调解组织。”广东省人社厅副厅长左孟新说。

大湾区联调中心采用“线上＋线下”方式对外提供服务。线上通过“粤省事平台”接收当事人调解申请，线下前期按照合理布局的原则，先在广州琶洲、深圳前海、珠海横琴设立三个速调

2020 年 12 月 8 日，粤港澳大湾区联调中心琶洲速调快裁服务站揭牌。

快裁服务站，现场受理调解申请。

左孟新表示，粤港澳大湾区联调中心及其服务站的建设，对促进粤港澳劳动用工融合，公平而高效地处理劳动用工纠纷，保障大湾区人力资源要素有序、有效、和谐流动，营造国际一流营商环境及和谐稳定用工环境具有重要意义。

权益保障　全面构筑劳动者权益“保障网”

“我是一名快递小哥，来深圳 5 年多了，在这里有一种温暖的感觉。”在 2002 年 5 月 22 日广东省第十三次党代会深圳代表团会议讨论现场，顺丰速运有限公司深圳分公司收派员秦文冲说出了深圳 30 万新就业形态从业者的心声。

2022 年 5 月 30 日，经广东省政府同意，广东省人社厅牵头出台《关于维护新就业形态劳动者劳动保障权益的实施意见》（以下简称《实施意见》），2002 年 6 月 1 日起正式施行。

“这是我省就维护新就业形态劳动者劳动保障权益出台的首个综合政策文件，呈现了广东省在加强新就业形态劳动者劳动权益保障上作出的新探索。”左孟新说。

据悉，《实施意见》最大的亮点是针对不同形式的新就业形态用工关系，划分了三种用工类型，首次提出“新业者”概念，并相应提出“新型用工关系”，明确了三个认定要件，有助于新型用工关系与传统劳动关系之间的性质划分和界定。

针对当前新就业形态劳动者权益保障中存在的痛点、难点问题，广东创新提出系列举措，全方位提升新就业形态劳动者的权益保障水平。

“这些举措包括制定新型用工关系协议示范文本、法定节假日应支付不低于正常工作时间劳动报酬的报酬、快递员等连续送单超过 4 小时的应适当安排休息时间、参照广东省有关规定发放高温津贴、平台合作企业出现逃匿或无力支付报酬情形下平台企业可先行清偿等内容，平衡了对新就业形态规范与发展并重的理念，体现了广东特色及探索。”广东省人社厅劳动关系处相关负责人说。

广东省人社厅全面畅通互联网、电话及来信、来访等渠道受理劳动者信访诉求，为劳动者维护劳动权益提供便捷渠道。将群众来信当家信，群众来访当家访，千方百计为群众排忧解难，省人社厅信访考核连续 3 年优秀，“粤省心”政务服务便民热线平台涉人社工单按时 100%办结。

敢为天下先，这是改革开放赋予广东的时代标签。在和谐劳动关系领域，广东同样也敢为天下先，用创新和实践基本建立起了规范有序、公正合理、互利共赢、和谐稳定的劳动关系。

（王永）

广西：

行风吹暖“八桂”香

八桂大地，风景如画，初心映照。

党的十八大以来，八桂大地华美蝶变。习近平总书记先后两次赴广西考察，作出一系列重要指示，为建设新时代中国特色社会主义壮美广西定向把舵。

光阴十载，春华秋实。

行风建设关系人社事业发展大局。十年间，广西壮族自治区人社系统始终坚持以人民为中心，以“正行风、树新风，打造群众满意的人社服务”为总目标，真抓实干，奋力创新，用生动实践绘就“人社服务为人民”的鲜明底色。

以严之又严的标准　形成机制“聚能环”

从办事排队长、等候时间久，到服务更就近、办事“不出村”；从异地办理饱受奔波之苦，到全程无人员接触即时完成；从办一件事情要跑多个人社业务部门、到了一个业务部门又要跑几个窗口，到“打包一件事”综窗受理、部分事项实现“零跑腿、零材料、零申报、零见面”。

一点一滴，群众看在眼里，暖在心间。

玉柴集团薪酬管理科的陈国娟经办社保业务已经20多年了，对玉林市人社服务的变化她感触很深。

“过去每月增减员申报的材料都是厚厚一大摞，经常需要加班加点将资料录入电脑、打印、盖章，一套工序忙完已是腰酸背疼，还要坐1个小时的车去社保大厅，到了之后又是排队等号，一忙活就是一整天。现在的‘快办’快到了什么程度呢？几分钟搞定！真心为人社服务点赞！”陈国娟感慨地说。

十年不停奋进，行风为之一变。

“变”的前提，是有直面问题的勇气。

行风建设存在哪些薄弱环节和不足？人社服务存在哪些痛点和堵点？加强行风建设应从哪些方面改革和创新？围绕这一系列问题，广西各级人社部门实行“总动员”，深入基层一线调研掌握真实情况；通过一对一谈话、面对面交流，了解企业和群众办事需求；召开座谈会、讨论会，及时交流掌握干部职工的思想变化。

一步一响，共识逐渐凝聚，改革进程加快。

将行风建设纳入广西各级人社部门党组重要议事议题，纳入工作要点，与业务工作同部署、同推进、同落实；全区各级均成立行风建设工作领导小组，建立厅（局）党组负总责、主要领导带头抓、分管领导具体抓、各处（科）室单位共同推进的工作机制。顶层设计不断强化，高位推动成效显现。

广西壮族自治区扎实推进“人社政策待遇看得懂、算得清”宣传。图为工作人员为群众解读社保降费率相关政策。

“变”的基础，是有解决难题的决心。

出台《加强行风建设行动方案》《“一网一门一次”改革》等行风建设制度文件，定目标、定标准、定规则；创新推出专班负责制、专员联络制、重点问题跟办制、定期调度制、现场督导制、群众体验制、第三方监督制等系列长效机制。惯性思维逐渐被打破，主动求变意识增强。

“变”的关键，是有改变局面的信心。

连续 5 年规范统一全区事项清单、办事指南，所有行政审批和公共服务事项实现事项名称、事项编码、适用依据、申请材料、办事流程、业务经办流程、办理时限、表单内容“八统一”；推动“数字人社”信息化系统建设，形成广西“数字人社”信息系统“一张网”。截至 2022 年 6 月底，全区人社政务服务事项网上可办率超过 95%，十年间，人社业务从“现场办”为主到“网上办”为主。目前，自治区正在积极推进全人社业务一体化“数智人社”系统平台建设。长效机制日臻完善，行风基础持续夯实。

从偶有抱怨，到经常点赞，企业和群众的反馈是行风转变最重要的成果。

从紧张不安，到精神抖擞，干部和职工的变化是行风成效最直接的体现。

“十年征程，十年探索，我们始终以目标为导向，立足纠建并举，缺制度建立制度，有问题解决问题，有困难突破困难，全力推进行风建设工作制度化、标准化、规范化，目的只有一个，就是要让老百姓享受到快捷、方便、优质的人社服务。”广西壮族自治区人社厅党组书记、厅长唐云舒说。

以细之又细的作风　开创服务“新生态”

暖心的“及时雨”，这是众多企业对广西人社部门所发放稳岗返还资金工作的评价。

“稳岗返还通过‘免申即享’的形式直接返还给企业，像我们公司就直接用于缴纳社保费、职工培训等方面，特别是在疫情严峻的时候，这样的惠企政策能如此迅速落地，助力企业渡过难关，实在难得！”南宁轨道交通集团有限责任公司党委副书记黄英为说。

“快”，是企业和群众对广西人社行风转变最直观的感受。

全区统一整合完善 111 个打包快办服务大厅，统一“一窗受理、后台审核、限时办结、统一反馈”服务流程，统一 12 个“一

广西壮族自治区在全区全面实施“人社服务快办行动”，为企业和群众提供“打包办”“提速办”“简便办”服务。图为工作人员向办事群众解答咨询问题。

件事”打包办和20个高频事项提速办服务手册清单，统一搭建“人社打包快办系统平台”，统一组织“一对一”现场跟班学习和成效评估；打造“一包受理、包可大小、拆包推送、按责办理、分项反馈、统一办结、按责归档”与“线上系统打包办和线下手工跑腿办”相结合的广西“打包快办”模式。截至2022年6月底，通过“打包办”服务降低企业和群众跑腿率51%。这一系列举措，让“打包快办”成为优质品牌。

“优”，是企业和群众对广西人社行风建设成效最真诚的赞誉。

编制“一次性告知”“最多跑一次”“一次不用跑”3张清单，全区所有事项实行“一次性告知”和“最多跑一次”。截至2022年6月底，自治区本级171个事项一次不用跑，行政许可事项提速率为 88%，公共服务事项提速率为 61.86%，累计取消材料 134 份；编制区、市、县、乡、村五级证明事项和盖章环节清理规范清单；20 个以上高频事项实现提速 50%以上目标，41 个事项实现“跨省通办”。目标导向，让便捷服务深入人心。

一组组亮眼数据的背后，是勇于创新的果敢。

从在全国率先上线全业务一体化“智慧人社”系统并同步启动人社全业务“一门式”服务改革，到率先打造南宁市惠企服务“免申即享”平台；从打造“区块链＋人社”民生服务场景应用新模式，到创新推出“智能柜台”便民服务平台。

南宁市通过前瞻式的创新，成为人社服务数智化改革探路的新样本，也成为广西人社行风建设创新精神的映射。

良好成效的背后，是持续前行的坚韧。

2021 年，广西人社部门推出了“政策找人，政策找企”“免申即办”等服务，部分服务事项从“申办”变“免办”，实现全程“免填表”“免申报”。

正向建机制强管理规范服务，反向监督暗访查问题补短板，正反两面发力，持续推进创新，开创了人社服务的“新生态”。党的十八大以来，广西壮族自治区政务服务中心人社窗口连续 8 年获评优秀窗口。

以坚忍不拔的劲头　打造人社“暖招牌”

2022 年 6 月 15 日，在距离中越边境 7 公里的那坡村村委社保就业服务窗口，村民张开华不到 10 分钟就顺利办理了城乡居民

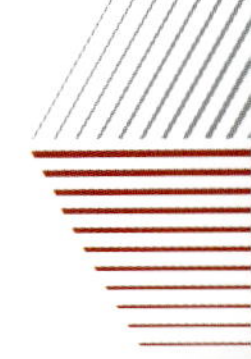

养老保险待遇业务。

“以前办认证要到镇上办手续，费钱费时间不说，还折腾身体，现在在家门口就办完了所有的手续，实在是太方便了。”张开华老人的眼中盈满了笑意。

村级就业社保服务平台，不仅打通了服务群众“最后一公里”，还成为边境村固边安民的“定心丸”。

广西将村级就业社保平台建设纳入自治区“为民办实事十大工程”全力推进，全区 1.42 万个行政村按照“六有”标准建立村就业社保“一站式”服务平台，“就业社保服务全覆盖，群众办事不出村”目标基本实现。

广西壮族自治区推进建设 1.42 万个村级就业社保服务平台，群众不用出村，在家门口就可以办理人社业务。图为村级就业社保服务平台的工作人员帮助老年人查询社保缴费信息。

行风建设怎么样，群众最有发言权。

办理人社业务，正变得越来越暖心、顺心，这是广西许多群众的共同感受。

截至 2022 年 6 月底，全区共为 1.42 万个村级平台配备“广西人社村级服务平台自助终端”，提供求职登记、领取养老金待遇资格认证等多项就业社保服务；依托 9 139 个银行网点、1.87 万台银行终端提供社保服务；将 1.8 万个人社业务办事网点采集纳入“广西人社政务服务电子地图”，群众办事更就近；推出了养老金到账短信提醒服务、领取养老金资格认证上门服务、代办服务等，为老年人等重点群体提供暖心服务。

这样的探索，把服务事项前置化，真正做到与群众需求同频共振。

将每年两次集中暗访制度化、常态化，创新委托第三方暗访，将暗访制度覆盖全区县以上所有人社窗口单位，发现问题采取逐条反馈、挂账督办等形式，确保整改到位；制定完善“厅局长走流程”工作跟踪调度表，确保发现问题及时解决；累计组织发动自治区区、市、县、乡、村五级人社窗口工作人员参加“日日学、周周练、月月比”活动 24 万多人次，很多窗口人员成为“行家里手”和“服务标杆”。

这样的尝试，以问题为导向，真正把群众满意作为工作的出发点和落脚点。

如今，广西人社系统树立起“管行业必管行风”的思想共识，筑牢了“人人都是窗口、处处都是窗口”的服务理念。

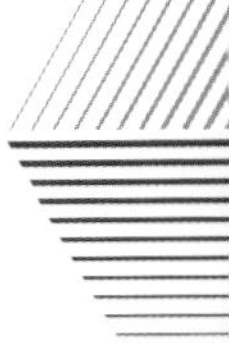

忆十载春华秋实，看今朝勇立潮头。

未来的赶考路上，广西人社系统将始终坚持人民至上的价值理念，践行服务人民的铮铮誓言，用更加优质的行风推动人社事业高质量发展，用心用情用力为人民群众提供更加温暖贴心的人社服务！

（王宝杰）

海南：

社保阳光遍洒琼州

天之涯，海之角，扬帆自贸港。

党的十八大以来，习近平总书记先后三次考察海南省，发表重要讲话，作出重要指示，为海南省发展擘画宏伟蓝图。椰风海韵中，海南省社保经办机构全面实施全民参保计划，把更多人纳入保障范围，持续加强经办服务便捷化改革，让人民群众共享改革发展成果。

十年风雨兼程，十年砥砺前行，海南省社保事业实现高质量发展、可持续发展。

一个都不能少　制度保障人群全覆盖

十年来，海南省社保制度改革蹄疾步稳地向纵深推进。

“2012 年，海南省在全国率先完成城镇从业人员五项社保条例和实施细则修订工作，十年来推动制度建设从碎片化转向体系化，从城乡分割转向城乡统筹，保障范围从广覆盖转向全覆盖，公共服务从差别化转向均等化，建立统一的城乡居民养老保险制

度、从业人员五项社保制度，社会保障制度体系不断健全。”海南省社保中心主任周俊说。

“我领养老金已经 11 年了，越老越享福！”2022 年 8 月 29 日，保亭县巡亲村村民王亚水乐呵呵地说。

王亚水老人已经 72 岁了，2010 年 5 月参加城乡居民养老保险。2022 年 1 月，随着海南省基础养老金调增，他每年可以领取基础养老金 2 448 元。

海南省有 77 万余名城乡居民领取养老保险待遇。2014 年以来，海南省以实现法定人员全覆盖为目标，分阶段实施、分步骤推进全民参保登记计划和全民参保计划。

“我们创造了‘三亚速度’——短短 3 个月，全市入户调查率 83.7%，信息采集率 97.8%。”翻阅 8 年前三亚市开展全民参保登记计划试点的相关资料，海南省社保中心副主任莫仲敏说。

2014 年 5 月，三亚市和洋浦经济开发区被列入全民参保登记计划试点城市。当年，经大数据比对，三亚市未在省内参加任何社保险种人员有 76 274 人，需要安排入户调查。

为此，三亚市抓好入户登记、系统查找、协同排查“三轮筛查”，逐户逐人逐项填表登记，落实信息上报审核、检查通报、年度考评等制度，激发工作动力。

“通过健全登记网络体系，坚持多措并举，三亚市较好完成试点登记工作，创造了‘三亚速度’，也为全省开展全民参保登记工作提供了可复制的经验。”时任三亚市农村社会养老保险局局长陈列说。

2015 年 11 月，海南省召开全省全民参保登记计划动员部署暨现场会期间，与会人员到三亚市儋州社区观摩全民参保登记计划工作。

2016 年，海南省比人社部要求的时限提前 1 年完成全民参保登记计划工作。海南省着眼经办管理规范化，做到登记范围、登记内容、工作流程、信息比对、工作宣传、推进节点、系统建设“七统一”。

“基于当期户籍人口不到千万、待调查对象基数较小的实际状况，海南省社保经办机构在抓入户调查的同时，推进参保扩面，有效提升工作效率。”莫仲敏说，扎实开展全民参保登记计划，为后续实施全民参保计划打好根基、铺好路，海南省坚持精准扩面，年年比对梳理未参保人员数据，组织开展参保扩面工作，不断扩大社保覆盖面。

“2014 年以来，海南省综合利用入户调查登记、动态更新数

2022 年 4 月 1 日，海口申通快递服务公司红城湖分公司总经理符汝媛在海南省社保中心经办大厅柜台完成了基层快递网点优先参加工伤保险业务申报。这是海南省启动基层快递网点优先参加工伤保险的首单业务。

据、打造信息平台、完善政策制度、优化经办服务、开展督导检查等手段，以灵活就业人员、农民工、新业态从业人员以及困难群体、城乡中青年居民为重点，开展参保扩面和稳定参保成效工作，推动实现法定人员全覆盖。”周俊说。

截至 2022 年 6 月底，海南省基本养老保险、失业保险、工伤保险参保人数分别为 669.81 万人、218.23 万人、190.07 万人，较 2011 年年末分别增长 199.55 万人、89.98 万人、86.12 万人，增幅分别为 42.43%、70.15%、82.85%。

把方便留给群众　经办服务创新发展

2022 年 8 月中旬，海南热带雨林国家公园管理局鹦哥岭分局社保专员符文杰在白沙县社保中心顺利办结社保增员、新机关养老保险申报缴费等业务。

过去，符文杰所在单位机构改革，机关养老保险信息变更业务必须在省会海口市办理，来回奔波400公里。“现在社保业务‘全省通办’，在白沙县本地就能办好，省去很多麻烦。”符文杰高兴极了。

十年来，海南省坚持问题导向，按照“全省一盘棋、全岛同城化”的思路，着力打造标准化、规范化、数字化、便捷化、人性化的社保经办管理模式，扎实推进一体经办、一网通办、全省通办，解决“门难进、脸难看、事难办”的堵点痛点问题，着力提升公共服务供给水平，不断增强人民群众的获得感、幸福感和安全感。

“过去，参保登记和申报核定要到服务大厅办理，不仅要提交各类纸质材料，还要排长队，常常等半天。”海南天涯人力资源管理服务有限公司社保专管员李慧回忆道。

从2013年起，海南省推广应用网上申报系统，实现“网上办”，而后依托“海南e登记”平台，企业参保登记、职工参保登记与企业设立登记同步完成，“网上办”事项也从“参保登记”拓展到绝大多数社保业务。

现在，海南省网上服务大厅一个门户，不区分市县，企业和群众一网申请，系统按参保地自动推送审核；108个事项支持网上办理，网办率达到90%。仅2021年，海南社保网上办件量高达1 379.64万笔。

过去，企业和群众到社保服务大厅办理业务，要分类别取号，

有时弄不清办理的业务属于哪一类，还会出现取错号、跑错窗的情况；如果要办两件业务，还要取两次号、排两次队，很不方便。

“得益于‘一窗通办’改革，海南省打破险种和处室界限，设立申报受理处，完成综合柜员制改革，将过去分险种或板块受理业务，改为综合窗口统一受理所有业务，群众办事‘进一门’‘一窗办’。”周俊说。

让“数据”活起来　信息化为社保经办赋能

2021 年 6 月 15 日，海南省社保中心集中通报 6 起虚报退休人员死亡时间、涉嫌骗取社保基金的违法犯罪案件。其中，被告人乔某以诈骗罪被判处有期徒刑三年，缓刑五年，并处罚金三万元，追缴尚未退还的违法所得。

这是海南省建立数据稽核常态工作机制、严厉打击社保领域违法犯罪行为的缩影。海南省多形式开展领取养老金资格认证，有效遏制重复领取待遇和欺诈冒领行为。

“近年来，海南加强跨部门、跨系统数据共享、信息交换和数据筛查比对，常态化开展数据稽核；聚焦重复领取、死亡冒领、服刑人员违规领取、违规提前退休等重点问题开展专项整治，落实‘人防’‘群防’‘技防’‘制防’要求，织密扎牢社保安全网。”海南省社保中心社保稽核处处长陈秀豪说。

信息化是提升社保经办服务水平的重要抓手和关键支撑。2015 年开始，海南省推进“电子社保”建设，基于人社部核心平台，开发全省统一的城镇职工社保信息管理系统，在全国率先使用国产化“云计算平台”，推动数据省级集中，打通社保信息数据“环岛高速路”，为统一规范全省经办管理和服务奠定坚实基础。2022 年 1 月，海南省又完成“核四”系统全省上线工作，更大程度促进数据互联互通。

“以往都是拿手机操作一番，进行人脸识别认证。2022 年接种新冠病毒疫苗后，竟然收到完成社保待遇资格认证的手机短信。”海口市企业退休人员符岳忠感觉很新鲜。

“十年来，退休人员领取社保待遇领取资格认证，从填表盖章拍照，到指纹认证，再到人脸识别认证，直至如今的大数据比对‘无感认证’，借助信息化手段，群众认证方式多样化、智能化、人性化，实现了技术赋能、服务升级。”海南省社保中心信息统计处处长孙柒说。

海南省社保待遇领取资格无感认证大数据分析平台依托大数据共享，采集出行、就医等个人行为轨迹和其他认证信息，对符合认证条件的参保人实行“免打扰”“零参与”资格认证，并通过短信等形式及时告知认证结果，真正做到“数据多跑路、群众少跑腿”。

截至 2022 年 8 月底，该平台共享采集了 110 万余名领取社保待遇人员的有效行为轨迹信息，占应认证人数的 70.5%。

海南省还连通各市县经办机构数据“孤岛”，打通政府部门间数据“壁垒”，通过建设全省统一的社保公共服务平台，与国家社保公共服务平台和省政务服务平台对接；与政务“一张审批网”对接，实现商事登记、人口户籍、工伤认定、劳动能力鉴定、

出生医学证明、生育服务证、结婚证等信息数据共享。

2022 年以来，海南社保经办机构积极开展“大培训、大练兵、大比武”活动，组织参加全国和全省人社窗口单位业务技能练兵比武，有效提升服务意识和能力，营造学政策、钻业务、练技能、强服务的浓厚氛围。

2021 年 10 月 21 日，澄迈县仁兴镇美厚村，海南省社保中心开展“社保走基层”宣讲暨主题党日活动，面对面宣讲社保政策业务知识。

“下一步，海南省将持续加强宗旨意识和群众观念教育，培树‘店小二’精神，转变服务理念，主动创新和改进服务，把方便留给群众、把麻烦留给自己，宣传培树身边的正面典型，激励党员干部职工在推动海南自贸港建设中作表率。”周俊说。

（游翀　陈燕妮）

重庆：

“山城”开启人力资源服务“新赛道”

巴渝大地，两江奔腾，人才汇涌。

党的十八大以来，习近平总书记两次到“山城”重庆市考察调研，参加十三届全国人民代表大会一次会议重庆代表团审议，为重庆市发展把脉定向。十年来，重庆市借势而上、顺势而为，持续完善人力资源服务业政策体系，以人力资源服务产业园为载体，大力推进人力资源服务业快速发展。

政策法规为产业“保驾护航”

2011 年，重庆杰成人力资源集团有限公司总裁乔聪玲看准重庆市的发展机遇，自东向西从上海市来到重庆市创业。“经济的发展，给重庆市人力资源服务业带来重大机遇。”十年来，聚焦高质量、供给侧、智能化持续发力，重庆市产业经济提档升级，发展质量和效益不断提高，乔聪玲的公司也与重庆市人力资源服务业一同成长。

人力资源是经济社会发展的第一资源，人力资源服务业直接服务亿万劳动者和数以亿计的市场主体。从“起步”到“快速发展”，重庆市人力资源服务业从业机构由 358 家增长到 2 846 家，从业人员由 4 402 人增长到 2.85 万人，产业规模由 278 亿元增长到 618.05 亿元，行业规模明显壮大。

加速发展的背后，离不开政策支持。多年来，重庆市以完善政策为牵引，以健全法制为保障，为全市人力资源服务业加快发展“保驾护航”，先后出台《重庆市人力资源和社会保障局 重庆市发展和改革委员会 重庆市财政局 加快人力资源服务业发展的实施意见》《重庆市人力资源服务业“十四五”规划(2021—2025年)》《重庆市人力资源和社会保障局等 12 个部门 关于推进新时代人力资源服务业高质量发展的实施意见》等文件，实施名企培育、中小企业提质、产业创新发展、产业平台建设、领军人才培养、高标准市场体系六大计划，设立人力资源服务业发展资金，扶持人力资源服务业加快发展。

“多个文件明确鼓励和支持有条件的区县建立区域性、专业性的人力资源服务产业园，设立市级人力资源服务业发展资金，提出了一系列财政支持措施，撬动全市人力资源市场不断做大做强。”重庆市人社局局长黎勇表示。

2020 年，《重庆市人力资源市场条例》的实施，填补了重庆市近十年无人力资源市场地方性法规的空白。该条例从发展和规范两个角度出发，既创新提出设立人力资源服务业发展资金、人力资源服务纳入政府购买服务目录等举措，又明确了加强市场执法处罚、建设诚信市场等监管措施，大力推动全市人力资源服务业健康可持续发展。

人力资源服务业“诚信积分制”的提出，亦属全国首创。通过实施“红蓝黑”三色动态分类，重庆市创新开展对经营性人力资源服务机构的经营行为运用积分增减办法加强评价管理，促进经营性人力资源服务机构守法诚信经营。

产业“集聚”助力人才有序流动

2021 年 7 月，第一届全国人力资源服务业发展大会在重庆人力资源服务产业园盛大召开。在这场改革开放以来首次举办的全国性人力资源服务行业大会上，全国 1 000 多家人力资源服务机构和用人单位参会参展，吸引了近万名观众现场观摩交流。

选择重庆市成为这次大会的主办地，同样意义深远。“高水平筹办首届发展大会，形成了重庆大力发展人力资源服务业的新动能。”黎勇说。

区域整合凸显集聚效应。重庆市将人力资源服务产业园建设作为推动人力资源服务业发展的重要抓手，以推进产业园建设为中心，加快推动人力资源服务业从行业化发展向产业化发展转变。多年来，重庆市推进建立“国家级 + 市级 + 区县级”三级产业园矩阵建设体系，按照“1 + 10 + N”（1 个总体方案、10 个重点领域、N 项重大改革措施）产业园体系建设目标，已经建成 1 家国家级人力资源服务产业园、7 家市级产业园、10 家区县级园区，进一步促进人力资源服务业集聚发展。

“拳头”优势助力带动就业。人力资源服务业作为生产性服

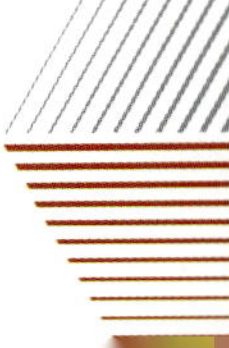

务业的重要组成部分，在改善产业结构、助力经济增长、优化人力资源配置等方面发挥着重要作用。除了发挥搭建产业园区平台作用之外，重庆市着力提升人力资源服务业服务质效，强化对就业的促进和带动作用，充分发挥人力资源服务业在稳就业、保就业、促人才有序流动等方面的效应，逐步将人力资源服务业打造成为就业服务的主力军。

“我们开展全市优质人力资源服务机构进区县、进园区、进企业‘三进’活动，搭建人力资源市场买方与卖方展示、交流、合作的平台，为劳动者求职、重点行业用人提供全方位人力资源服务。”重庆市人社局人力资源流动管理处处长王军国介绍说。

西部 HR 能力大赛自 2019 年举办以来已举办三届，旨在加快人力资源服务业发展，进一步提升人力资源服务业从业人员的专业化、职业化水平，促进行业服务规范，推动成渝地区人力资源服务业创新发展，为成渝地区经济社会发展提供人力资源服务保障。图为 2019 年西部 HR 能力大赛决赛现场，16 名选手同台竞技。

除此以外，重庆市还印发《重庆市人力资源和社会保障局办公室关于开展人力资源服务机构稳就业促就业行动的通知》，通过大规模开展求职招聘服务、全力促进高校毕业生就业、积极助力农民工稳定就业、开展就业创业指导服务、着力保障重点领域用工、创新发展灵活用工服务、积极支持人力资源服务机构发展、开展助力乡村振兴服务、开展人力资源服务产业园区促就业综合服务、加强人力资源市场供求信息监测十大行动，充分发挥人力资源服务业稳就业促就业作用。

截至 2021 年年底，重庆市帮助劳动者实现就业、择业和流动 364 万余人次，较上年增加 47 万余人次，服务用人单位 37 万余家；2021 年举办现场招聘会 4 347 场次，参会用人单位 75 309 家次，提供招聘岗位 17 万余个，参会求职人数 112 万余人次；开展网络招聘服务，发布岗位信息 564 万余条，发布求职信息 778 万余条。

深化“放管服”改革激发市场活力

“企业的规模越来越大，人才的集聚效应越来越强。”重庆菲斯克人力资源集团有限公司董事长谢彬对十年来重庆市人力资源服务业的发展有着切身感受。从一名普通职员成长为集团董事长，谢彬坦言，他和企业的成长进步，与重庆市深化人力资源服务领域“放管服”改革分不开。“人社部门用政策帮扶、全覆盖培训与行业内指导，为行业发展奠定基础，也大大增强了企业的获得感。”谢彬说。

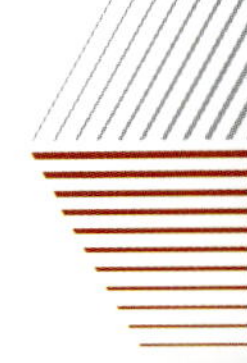

深化“放管服”改革，是激发市场主体活力的根本之举。多年来，重庆市深化人力资源服务领域“放管服”改革，全面实施职业中介许可和其他人力资源服务备案制度，激发市场主体活力，促进人力资源服务业快速发展。重庆市推行的人力资源服务业准入告知承诺制，使“证照分离”进一步深化，企业只要符合条件即可当场办证，最大限度地优化了申请程序。

“以往都是通过线下或去综合类招聘网站找工作，现在借助这种专场网络招聘，可以更快捷地找到自己心仪的岗位，与招聘单位沟通也更顺畅。”2022年夏天，北京邮电大学应届毕业生小顾，通过重庆市人社部门举办的线上招聘会找到了自己满意的工作，实现了毕业回家乡就业的梦想。

多年来，在人力资源服务行业领域，重庆市人社部门不断简化审批流程、缩短办件时限、优化管理服务，通过“线下＋线上”

2021年11月，中国重庆数字经济人才市场正式揭牌成立，这也是经人社部批复设立的我国首家数字经济人才市场。

等方式，规范行业秩序，引导发展方向。

“十年间，我们担任多重角色，从‘管理员’转变为‘管理员＋服务员＋协调员’，主动问需求，上门送政策，帮助解难题，共同抗疫情，助力人力资源服务业健康发展。”渝中区人社局人力资源流动管理科科长谢艾伶说。在重庆市人社工作者的不断努力下，“重庆英才·职等您来”“蓝金领”“技能兴业”等早已成为集专业化、常态化于一体的全国知名人力资源公共服务平台。

转变职能职责，优化服务机制，优化营商环境，助推企业发展。未来，重庆市人社部门仍将以服务为舵，借助数字经济时代的“船帆”乘势而上，扬帆起航，实现人力资源服务业产业营收规模超1 000亿的“千亿跃升”，力争使人力资源服务业成为支柱产业，书写重庆市全面建设社会主义现代化新篇章。

（赵泽众）

四川：

和谐春潮涌天府

天府之国富足安宁，巴山蜀水秀美安澜，人民生活幸福安逸……

党的十八大以来，特别是在决战脱贫攻坚、决胜全面小康的关键节点，习近平总书记深入大凉山腹地、天府新区、汶川县映秀镇等地考察并发表重要讲话，为做好四川省的工作指明了前进方向、提供了重要遵循。

牢记习近平总书记殷殷嘱托，四川省人社部门始终坚持以人民为中心的发展思想，开拓创新、砥砺奋进，持续保障民生和助推经济社会发展。积极构建和谐劳动关系，在赋能高质量发展中闯出新路子，在劳动关系基层治理中展现新作为，在维护用人单位和劳动者合法权益中彰显新担当，奋力谱写新时代推进构建中国特色和谐劳动关系改革创新的四川新篇章。

协商协调　搭建劳企沟通“桥梁”

在德阳市什邡市，四川宏达股份有限公司通过沟通谈心、生病探望、设立职工意见箱等方式，及时解决职工遇到的各类困难和问题，成为广大职工的“温馨家园”，公司获得“全国模范职工之家”等各项殊荣。

赋能企业高质量发展，劳动关系必须破题。“四川省重点开展全面深化和谐劳动关系‘春风行动’，以六大行动为抓手，打造劳动纠纷协商自主、权利义务协商自治、和谐关系协调自为的劳企命运共同体。”四川省人社厅劳动关系处处长陈进介绍。

如今，“企业关爱员工，员工热爱企业”的和谐理念已成为巴蜀大地的共识。

“以前，我们长期面临招不到工、人来了总是留不住的问题。如今，员工规模已超过 300 人，流失率也大大降低。”谈起变化，四川瑞迪佳源机械有限公司的苏红平直言要感谢集体协商制度这一好方法。

苏红平的公司位于眉山市丹棱县，2018 年有 30 余人离职，严重影响生产经营。2019 年 7 月，公司试行集体协商制度，通过集体协商确定最低工资标准为每月 2 300 元，并设立超产奖，员工工资逐年提高，员工自然就留下来了。

十年来，四川省积极推进集体协商制度，实施集体合同制度“彩虹计划”“攻坚计划”和“集中要约月活动”，已建工会组织的企业集体协商建制率动态保持在 80%以上，行业（区域）集体合同覆盖职工人数达到 375 万以上，协商范围逐步扩大，协商质效得到提升，职工利益诉求表达渠道进一步畅通，获得感和满意度不断提升。

四川省攀枝花市开展集体协商。

“根据企业生产经营特点，申请特殊工时制，通过轮休、调休等方式，保证员工身体健康。”在成都市新都区劳动关系协调员职业技能竞赛决赛现场，来自紫荆花制漆（成都）有限公司的选手刘涛建议。

这是成都市新都区构建和谐劳动关系的一个缩影。小苗圃汇聚大田畴。近年来，四川省分批分区、压茬推进和谐劳动关系综合配套改革创新实践，“1 + N”模式基本形成，全力推进成都市新都区国家级改革试点，评估验收成都市高新区、武侯区、温江区以及南充市顺庆区省级改革试点成果，确定自贡市大安区、宜宾市江安县等 5 个地区作为第二轮省级改革试点。截至 2022 年 6 月底，已有 1 项经验成果被中央深改委专刊刊发，20 余项经验成果在全省推广……改革的步伐永远在路上，和谐的音符始终“欢跃”在巴蜀大地。

定纷止争　化解劳企利益矛盾

2022 年 8 月中旬，在南充市顺庆区工作的谢菲，以公司未与其签订书面劳动合同应支付两倍工资为由申请仲裁，仅用 10 天时间就与公司达成调解协议。

坚持劳动纠纷多元化解，是四川省坚持和发展新时代“枫桥经验”的重要途径。十年来，传承“枫桥经验”，四川省充分利用调解员、仲裁员、社区工作者、律师、公证员等资源，发挥社会组织、社会力量等作用，构筑起党委领导、政府负责、民主协商、社会协同、公众参与、法治保障、科技支撑的化解体系。

四川永星电子有限公司人力资源总监武露平在 2021 年荣获“四川省金牌劳动关系协调员”称号。在用心用情为员工服务、凝神聚力抓人才培养、从严从细抓制度建设的工作方针下，该公司近十年几乎未发生过劳动纠纷。

劳动纠纷不出厂区、不出园区、不出社区，和谐的成色更足。四川省深入实施劳动关系“和谐同行”能力提升三年行动，2021 年培育选树了 13 家省级金牌劳动人事争议调解组织、9 家省级金牌协调劳动关系社会组织和 100 名省级金牌劳动关系协调员，为企业提供“法治体检”、隐患排查，促进企业合规用工，有效确保了矛盾就近就地解决。

“自己遇到困难解决不了，多亏人社局领导上门解决，现在

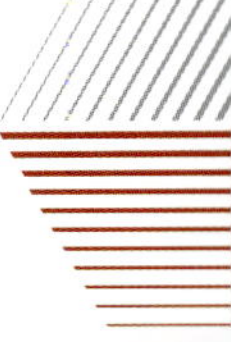

终于拿到工伤保险待遇了！”乐山市某再生资源回收公司的曾阿姨高兴地送上一面锦旗。

群众利益无小事，一枝一叶总关情。2022 年上半年，四川省累计处理劳动争议案件约 7.02 万件，调解成功率达 68.7%，同比基本持平，为劳动者挽回经济损失约 14.69 亿元，保持了劳动关系总体和谐稳定。

“请放心，公司一定按要求进行整改，及时将高温津贴发放到工人手中！”在巴中市平昌县劳动保障监察大队随机抽查检查过程中，未落实高温津贴制度的 3 家公司负责人现场承诺。

主动监察的背后，折射出四川省人社部门“防风险，守底线”的危机意识和使命担当。

从“防范化解劳动关系风险专项工作实施方案”到“化解过剩产能职工安置工作中突发事件预防和应急处置预案”，从“根治欠薪专项行动”到“社会公布重大劳动保障违法行为”，一系

和谐劳动关系“春风行动”。

列政策措施，应对有方、震慑有力，有效预防和化解了劳动关系领域大量纠纷矛盾，守住了不发生系统性、区域性风险的底线。

三方机制是预防和化解矛盾的重要“法宝”。现在，四川省级层面已经建立三方会议制度，21 个市（州）和 183 个县（市、区）普遍建立协调劳动关系三方机制，在此基础上进一步向乡镇（街道、工业园区）延伸，三方准确把握劳动关系领域面临的风险挑战，积极防范、协同处置，促进劳动关系和谐稳定。

创新推动　维护劳企合法权益

维护合法权益，要有法可依。十年间，四川省制定出台了《四川省就业创业促进条例》《四川省工伤保险条例》《四川省企业工资集体协商办法》，修订《四川省人口与计划生育条例》《四川省劳动和社会保障监察条例》等法规，定期调整最低工资标准，发布企业工资指导线，落实高温极寒天气条件下用工政策规定，优化特殊工时审批服务，四川省劳动关系领域立法不断健全，劳动标准逐步完善，始终为体面劳动、安心劳动保驾护航、遮风挡雨。

近年来，快递物流、外卖送餐、网约车等新业态经济迅猛发展，催生了一大批“网上注册、平台派单、线下干活”的新业态群体。他们穿行在城市大街小巷，默默奉献，待遇上却与传统制造业等行业劳动者存在差距，问题该如何破解？

劳动在哪里，权益保障就延伸到哪里。为解决新业态群体“急难愁盼”的问题，《四川省人力资源和社会保障厅等 11 部门关于维护新就业形态劳动者劳动保障权益的实施意见》出台，细化 20

雅安市新就业形态劳动者培训。

条政策措施，兜牢就业、劳动报酬、工作时间、休息休假、劳动安全、社会保险、职业培训等基本权益底线。

成都市新都区大丰街道建立快递行业党组织，凝聚新业态劳动者力量；宜宾市为外卖骑手构筑冷可取暖、热可纳凉、累能歇脚、权能维护的“暖心驿站”；雅安市为新就业形态群体提供“技能培训＋就业服务＋权益保障＋创业扶持”全方位全链条服务，形成了“雅安模式”。

“快递小哥整天在外奔波，容易发生意外伤害事故。现在可以单独参加工伤保险，相当于给快递小哥系上了安全带。”南充泓升韵达快递服务有限公司的于凤来到人社局服务大厅，办理了该市全面实施基层快递网点优先参加工伤保险以来的首单业务，连连称赞“新政策”。

为在快递行业先行先试新业态劳动者权益保障，四川省及时制定出台《四川省人力资源和社会保障厅 四川省邮政管理局关于做好基层快递网点优先参加工伤保险工作的通知》，明确了基层快递员优先参加工伤保险的参保登记、缴费基数和费率、工伤认定鉴定和待遇支付。

立标杆，树典型。近年来，四川省深入开展和谐劳动关系创建活动，受国家表彰的模范劳动关系和谐企业 42 户，模范劳动关系和谐工业园区 5 个；受省级表彰的模范劳动关系和谐企业 200 户，模范劳动关系和谐工业园区 29 个，模范劳动关系和谐街道（社区）、乡镇 10 个，带动一批批企业建立规范有序、公正合理、互利共赢、和谐稳定的新型劳动关系。

劳动之美，赋能发展；共建共享，和谐四川。四川省人社厅副厅长黄晓东表示，四川省将牢记总书记嘱托，聚力抓好劳动关系基层治理制度创新和能力建设，奋力开创新时代四川省劳动关系工作新局面。

（王永　谢宏庆　陈进）

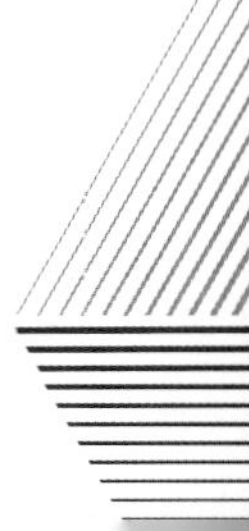

贵州：

蹚出一条致富兴“黔”的就业新路

非凡十年，多彩贵州，精彩蝶变。

十年来，曾经是脱贫攻坚主战场的贵州省，经济社会发展大踏步前进，民生福祉实现历史性改善，彻底撕掉千百年来的绝对贫困标签，实现从总体小康到全面小康的历史性转变，正以高质量发展的崭新姿态奋力谱写多彩贵州现代化建设新篇章。

党的十八大以来，习近平总书记多次亲临贵州省视察指导，对贵州省工作作出重要指示，为贵州省发展指明了前进方向、提供了根本遵循。贵州省人社部门牢记嘱托，在决战脱贫攻坚伟大壮举中，以坚决的态度、果断的行动、创新的战法发力就业扶贫，推动贵州省按时高质量打赢脱贫攻坚战，蹚出一条致富兴“黔”的就业扶贫路。

综合施策　打好就业“组合拳”

66 个贫困县全部脱贫摘帽，923 万贫困人口全部脱贫，192 万人搬出大山，减贫人数、易地扶贫搬迁人数均为全国之最……

十年来，贵州省脱贫攻坚实现历史性全胜，交出了中国减贫脱贫奇迹的精彩答卷。

习近平总书记 2015 年在贵州省考察时指出，好日子是干出来的，贫困并不可怕，只要有信心、有决心，就没有克服不了的困难。多年来，贵州省人社部门始终以坚决的态度、果断的行动、创新的战法，外输内拓稳岗位、综合施策促就业。

“我们聚焦贫困劳动力和搬迁劳动力，形成‘稳住基本盘、抓住搬迁点、聚焦产业链、扩大新增量、筑牢兜底线’的工作格局，人民群众就业门路越来越宽，农民就地就近就业机会越来越多。”贵州省委组织部副部长，省人社厅党组书记、厅长潘荣说。

2017 年以来，贵州省建立党委政府牵头、多部门联合的就业工作机制，出台一系列政策措施，从实行稳定就业补贴、创建就业扶贫车间，到建立劳务就业大数据平台，不断在精准施策上出实招、在精准推进上下实功、在精准落地上见实效。

2020 年，贵州省委办公厅、省政府办公厅印发《关于进一步加强劳务就业扶贫工作的实施意见》，文件更加聚焦建档立卡贫困劳动力和易地扶贫搬迁劳动力，强调“八个一批”的工作措施。“有组织劳务输出稳定务工就业解决一批”就是其中一项。

“全省以对口帮扶城市和省内中心城区为重点，签订稳岗协议，提高农村劳动力外出务工组织化程度，全力稳住外出务工就业基本盘，促进群众稳就业稳增收。”贵州省就业局副局长国琳说。

决战脱贫攻坚以来，贵州省人社部门依托劳务就业大数据平台，全力开发就业岗位，推动人岗精准配对，确保有劳动力的建

2020 年 2 月 24 日，黔东南州组织第六批务工人员乘坐专列返杭就业。

档立卡贫困户和易地扶贫搬迁户实现“一户一人”以上稳定就业，实现稳就业、稳收入、稳脱贫的目标。

外输内拓　稳住就业基本盘

“在深圳工作 5 年了，听说今年有免费返岗专列，立马报了名。”2022 年春节，在返岗就业的高峰期，黎平县罗里乡村民杨秋焕一手提着行李，一手提着政府准备的“暖心大礼包”有序登上专列。“上车前，人社部门还发了一个‘暖心大礼包’，里面有面包、饼干、矿泉水等物资，服务非常贴心。”

只有稳住就业“基本盘”，才能夯实民生“压舱石”。多年来，贵州省人社部门大力推进东西部劳务协作扶贫，先后与广东省、福建省、浙江省、江苏省、重庆市等省市签订劳务协作协议和稳岗就业协议，搭建供需对接平台，促进供需对接。贵州省深化粤黔劳务协作，全省在粤建立劳务协作站点 119 个，全省 8 个受援市州和 66 个受援县均已在粤的结对市、县（区、街道）建立劳务协作站。

亲带亲、戚带戚、村寨带邻里。各地推出“蜂王行动”“头雁行动”，让长期在外务工、有一定人脉资源、热心服务本地乡亲的村民担任“蜂王”“头雁”，“老乡带老乡”助力劳务输出，不断提高劳务输出组织化程度。

“一人就业，全家脱贫。劳务协作对于促进转移就业、巩固拓展脱贫攻坚成果具有重要意义。”黔南州就业局副局长饶文美说，“尤其是在新冠肺炎疫情防控期间，有组织的东西部劳务协作不仅降低了疫情对脱贫攻坚和经济发展的负面影响，也为建档立卡

加强东西部劳务协作，有组织输出贫困劳动力到对口帮扶城市就业，让贫困群众实现就业脱贫。图为“上海杨浦·贵州道真”东西部劳务协作专场招聘会上，上海市一家企业招聘负责人向道真自治县的求职群众介绍情况。

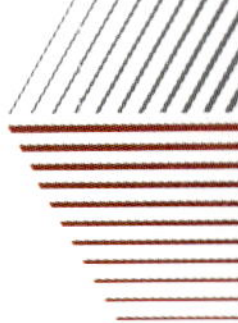

贫困劳动力提供了必要保障，成效明显。”

在“省外输出”的同时，贵州省人社部门聚焦产业链，依托12个农业特色优势产业、十大工业产业、服务业创新发展十大工程和当地工业园区及重点企业等，通过深入挖掘就业岗位、创建就业帮扶车间（基地）、打造劳务品牌等措施，“省内拓岗”扩大新增量，促进脱贫劳动力和搬迁劳动力稳定就业。

“原来全家人不敢搬下山，现在发现搬下山后日子好多了，心里很踏实。”55岁的罗高松从老家晴隆县三宝乡搬到了阿妹戚托小镇，搬迁后的生活有了大变样。他从一名种地的农民，变成了工厂里组装车间的产业工人，每月工资3 500元，加上晚上卖彝族手工艺品每月近千元的收入，实现了脱贫增收。

“我们通过建立就业帮扶车间，吸纳贫困劳动力和新市民就业。我们还积极开发协管、物管、保洁、绿化等公益性岗位，把就业岗位送到每家每户。”黔西南州就业局局长胡莹说。

为促进就业困难人群稳定就业，《贵州省乡村公益性岗位开发管理办法》等一系列措施出台，按照“总量控制、适度开发”的原则，合理开发公益性岗位，兜底保障无业可扶、无力脱贫又有劳动能力和就业意愿的特殊困难群体就业。

2015年，毕节市七星关区的魏太华的丈夫因病去世，4个子女均在上学，家庭重担全在她身上。“社区为我申请了护林员和护河员公益性岗位，收入一下保住了，全家人的生活都得到了保障。”魏太华说。公益性岗位让魏太华甩掉了贫困的帽子，如今，她正奔走在致富的“快车道”上。

贵州省还在搬迁安置区设立就业创业服务中心（站点、窗口），提供“全过程、保姆式”就业创业服务。仅 2021 年，全省 763 个易地扶贫搬迁安置区就业创业服务中心（站点、窗口）就开展就业创业服务 77.73 万人次，促进就业 21.41 万人次。

技能增收　打出贵州技工牌

在正安县瑞濠易地扶贫搬迁安置点内，通过技能培训进入贝加尔乐器公司务工的小伙子韦会勤，正参加正安吉他产业园区的技能培训。“每年我都会参加园区的技能培训，吉他制造手艺不断提升。”现在，韦会勤已从一个吉他制作工人升级为车间主管，收入也大幅提升。

距离正安县 400 公里的紫云县大营镇百惠社区易地搬迁安置点，一场初级中式烹调师职业资格考试正火热进行。“参加这次‘粤菜师傅’技能培训的学员有 40 名，学员们在培训中都比较积极，希望拥有一技之长，增加收入。”安顺阳光职业培训学校紫云校区负责人宋勇说，“等学员们拿到资格证后，将为大家推荐就业机会。”

培训一人，就业一人，脱贫一户。脱贫攻坚期间，贵州省将培训工作的重心转向农村建档立卡贫困劳动力和易地扶贫搬迁劳动力，开展农村转移劳动力、乡村特色旅游、农村实用人才、农村电商、民族特色手工艺品制作、创业 6 大类培训，打造出“正安吉他工匠”“黔灵女家政”等技能培训品牌。深化黔粤协作，推动“粤菜师傅”“广东技工”“南粤家政”技能培训品牌落地贵州省。

2019 年，乘着职业技能提升行动的东风，贵州省推动建立终身职业技能培训制度，统筹实施农民全员培训和职业技能提升行动两个“三年计划”。全省围绕特色优势产业，开展种植、养殖和产销对接、农村电商等技能培训，三年来共计完成职业技能提升培训 335.21 万人次，共计投入 26.02 亿元用于职业技能培训。

“培训聚焦深度贫困县、极贫乡、极贫村和易地扶贫搬迁安置点，开展电视点播培训、送培训下乡、以工代训促稳岗等活动，旨在优化培训方法，围绕企业需求，扩大技能培训的覆盖面。”贵州省人社厅职业能力建设处相关负责人表示。

2022年，贵州省在全省范围内实施“技能贵州”行动，目标是培养具有各项职业资格证书的“贵州工匠”20万人，开展职业技能培训60万人次，同时培育一批以“贵州电工”“贵州焊工”“贵州家政”“贵州厨师”“贵州茶艺”“贵州养殖”等为特色的技能人才。

对贫困群众而言，增收是参加培训的最大收获。“十年来，我们帮助数千名学员实现技能就业，参加培训后工作稳定性和收入都更好，幸福感更强。”惠水县公共就业服务机构负责人胡丹说，“拿到培训资格证书的学员，工资普遍能提高 500 ~ 1 000 元。”

2011 年，张倩从广东省回到老家惠水县开了家手袋厂。十年间，她亲眼看到老乡们的转变——从一开始的“不就业、不培训”，到现在的“主动干、比着干”，她的工厂也从“招不到工”到“招优质工”。

“扶贫也是扶志。这么多年来，政府花了大量资金，下了大

就业有了保障，群众信心满满。

力气，家乡的路通了、灯亮了、环境好了，最重要的是老百姓的心齐了，有奔头了。”张倩说。打赢这场脱贫攻坚战，让所有人都有了信心——“我们能够摆脱贫困，也能够战胜其他困难。”

脱贫攻坚结硕果，乡村振兴开新局。站在新征程的起点，贵州省人社部门将充分巩固拓展脱贫攻坚成果，持续做好就业帮扶，稳住就业基本盘，扩大新增量，筑牢兜底线，在全面推进乡村振兴的道路上迈出更坚实的步伐。

（赵泽众　刘洋　陈良波）

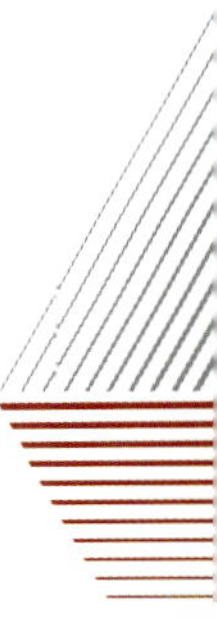

云南：

彩云之南唱响技能强省赞歌

彩云之南，云贵之巅。

这里的人们有着典雅而怡人的气质，有着隽秀而从容的情怀，有着坚韧而执着的品格。

党的十八大以来，习近平总书记两次考察云南省，作出系列重要指示，为云南省发展指引方向、擘画蓝图。

十年间，云南省以习近平新时代中国特色社会主义思想为指导，坚持示范引领、创新驱动、需求导向，推动技能人才队伍建设工作走深走实，不断创新技能人才发展体制机制，为稳定就业局势、决战脱贫攻坚、产业转型升级提供了坚实的人才支撑，为谱写中国梦的云南篇章提供了智力保障。

技能扶贫　阻断贫困代际传

2019 年 4 月 10 日，习近平总书记给独龙族乡亲们回信，祝贺独龙族实现整族脱贫。

2019 年 4 月 11 日，独龙江畔，山青似黛，绿水含笑。

独龙族干部群众围坐在广场上，聆听乡党委书记和乡长为大家宣读习近平总书记的回信。宣读过程中几次被群众的欢呼声、掌声打断。

“那天大家都很激动，很多人都流下了眼泪，我们从心里感谢党！”作为独龙族仅存不多的“纹面女”之一，81岁的李文仕见证了独龙族群众从苦难走向幸福。

独龙族创造了在中国特色社会主义制度下边疆少数民族“一步跨千年”的生动实践，这其中，技能扶贫发挥了不可替代的作用。

作为全国脱贫攻坚的主战场，云南省有贫困人口331.12万人，184.3万贫困劳动力；16个州市中有两个是国家“三区三州”重点扶持州市；129个县中有88个“国家级、省级扶贫开发重点县”，其中27个为深度贫困县，脱贫攻坚任务非常繁重。

怎样尽快脱贫，如何长效帮扶，这是云南省人社系统每一名干部职工始终放不下的牵挂。

2015年，云南省实施技能扶贫专项行动，明确到2020年，对每个贫困劳动力开展一次以上技能培训，让每个有适龄劳动人口的贫困家庭至少有一人实现技能就业。

提升技能，是改变个人生存困境的现实考量。

就业补助资金的增量部分全部用于农村劳动力转移就业培训；给予深度贫困地区和“直过民族”地区每县不低于200万元正常经费安排之外的专项补助；各地就业专项资金用于技能培训的比例以县为单位，每个县不少于10%。系列举措，不拘囿于即时的成效，为技能扶贫专项行动提供坚实保障。

技能提升，亦是阻断贫穷代际相传的有效路径。

十年来，云南省构建人社部门牵头抓总，扶贫、农业等多个部门齐抓共管的农村劳动力培训工作格局，整合涉农培训项目，建立跨部门的培训就业统计会审机制；通过立体式、全方位、多层次举措在实践中形成了帮助贫困群众提升技能、稳定就业、提高收入的科学机制。长效机制，不局限在一时一事的帮扶，为脱贫致富、防止返贫拓展渠道。

十年间，云南省通过创业培训、导师帮扶、降低放贷成本、丰富担保形式等措施，重点加大对农村劳动者生存型、自雇式创业的扶持，提高创业成功率；制定技工院校贫困家庭学生专门的培养方案，实施费用减免、强化培训、就业帮扶等措施，促进贫困家庭学生依靠技能就业，并指导优质培训资源到扶贫一线开展

云南省开展企业新型学徒制培训教学现场。

培训援助。扶贫扶智，着眼于提升群众自主脱贫的能力，解决致贫的根源性问题。

“我们充分发挥人社部门的职能优势，通过技能培训，提高贫困地区村民的就业能力，并引导他们加强劳动力转移输出，大力扶持因地制宜创业，将‘输血’式扶困与‘造血’式脱贫相结合，实现短期扶困和长期脱贫的良好成效，在打赢脱贫攻坚战役中贡献了人社智慧和力量。”云南省人社厅厅长杨榆坚说。

聚焦引领　促进就业凝希望

2021 年，昆明市阳宗海风景名胜区管理委员会联合辖区内的云南铝业股份有限公司推出“打造千亿级中铝铝产业西南基地”的新目标，引发广泛关注。

“我们把职业技能培训作为保持‘云铝’可持续发展的关键举措，作为企业转型升级和高质量发展的重要支撑，加快企业技能人才培养步伐，最终形成以昆明市为中心、辐射云南铝产业的技能人才培养基地。”云南铝业股份有限公司总经理张正基说。

这样的突破，昭示希望。

到 2021 年年底，云南省高技能人才总量达到 130.33 万人，比 2012 年增加 73.83 万人。

这样的数据，凝聚力量。

十年间，云南省紧盯全省产业发展和项目建设需求，不断创新技能人才发展体制机制，优化技能人才发展环境，引导技能人才推动行业企业技术创新，培土育林，聚焦引领。

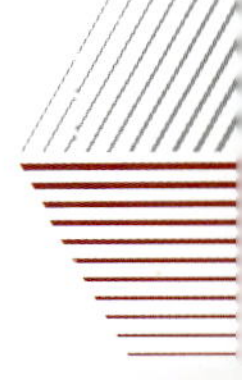

2017 年人力资源社会保障部与云南省签订《共同推进云南省技能强省行动计划备忘录》，围绕技能人才培养、使用、评价、激励等制度，初步构建起具有云南特点、具备区域竞争力的技能人才政策体系，铿锵迈步，开启新篇。

云南省出台《云南省技能强省行动计划（2017—2020 年）》《关于推行终身职业技能培训制度的实施意见》《关于提高技术工人待遇的实施意见》等一系列政策文件，谋篇布局，夯实基础。

群众的期盼在哪里，改革的靶向就对准哪里。

十年来，云南省着力推行覆盖城乡各类劳动者、贯穿劳动者职业生涯全过程的终身职业技能培训制度，对有意愿的农村低收入家庭劳动力开展职业培训；启动职业技能提升行动，以就业为导向，对登记失业人员、进城求职劳动者、登记求职高校毕业生等群体开展中短期实用技能培训。改革赋能，点赞不断。

企业的呼声在哪里，创新的步伐就迈向哪里。

面对企业对技能培训的多元化、精细化、立体化需求，以及适应新冠肺炎疫情影响的新形势，云南省上线运行技能云南职业培训管理服务平台，充分挖掘“互联网＋技能”培训新载体的效能，连续四年更新发布培训工种补贴目录，逐渐提高补贴标准，实现职业技能培训补贴实名制信息化管理。创新超越，亮点频现。

“十年实践，一路为民，体制机制的改革让技能人才红利加速释放，稳定就业效果持续显现，产业转型升级支撑能力不断增强。”云南省人社厅副厅长石丽康说。

润物无声　点燃发展新火种

2019 年 8 月 27 日夜晚，郑棋元身披鲜艳的五星红旗站在第 45 届世界技能大赛金牌领奖台上，感受着强大的祖国给予的力量。

这位成长于云南技师学院的年轻人和他的搭档以 763 分的总成绩获得移动机器人项目的第一名，实现了中国队移动机器人项目首次夺冠的历史性突破。

云南技师学院使用焊接机器人教学。

“习近平总书记强调，要在全社会弘扬精益求精的工匠精神，激励广大青年走技能成才、技能报国之路。这将是我未来努力的方向。”郑棋元道出了云南省众多技能人才的心声。

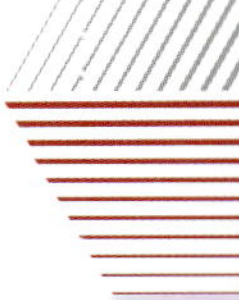

十年来，云南省全力搭建职业技能竞赛平台，让优秀高技能人才脱颖而出，先后组织第 42 届、第 43 届、第 44 届、第 45 届、第 46 届世界技能大赛云南省选拔赛暨中华人民共和国第一届职业技能大赛云南省选拔赛，2022 年云南省职业技能大赛等赛事；承办了全国首届“三区三州”职业技能大赛，云南省选手获得 3 金 11 银 7 铜的好成绩；在第 45 届世界技能大赛上，云南省青年技能选手取得了 1 金 1 铜的好成绩。

大力实施国家级、省级高技能人才振兴计划，建设国家级高技能人才培训基地 26 个、省级高技能人才培训基地 10 个，建设国家级技能大师工作室 35 个。十年来，云南省积极搭建技能人

全国技术能手，兴滇人才奖获得者，国家级技能大师工作室带头人，云南白药集团股份有限公司高级技师范志伟。

才成长的桥梁，让一大批优秀的彝族、白族、藏族等少数民族高技能人才的梦想绽放。

积极拓宽技工院校学生上升通道，实施青年技能人才培养工程；启动技工院校正高级职称评审，将高层次人才引入技工院校任教；省级技师学院生均拨款标准参照高职高专生均拨款标准给予同步提高；改善技工院校办学条件，扎实推进技能脱贫千校行动。十年间，云南省不断拓宽技能人才成长渠道，让技工教育迸发活力。

2020 年，以首席技师为题材的系列宣传片《技能报国》，在云南卫视晚间黄金时段面向全国播出，一个个技能报国的故事，引发观众的热情点赞。

十年间，云南省持续加大技能人才激励力度，政治上关心、经济上提高、生活上照顾，让技能人才施展才华、勇担重任，成为彩云之南转型发展中一抹绚烂的色彩。如今，云南省技能人才的队伍正在新征程上奋力奔跑，他们不惧艰辛、不畏挑战，以坚毅的品格和不懈的努力迎向未来。

（王宝杰）

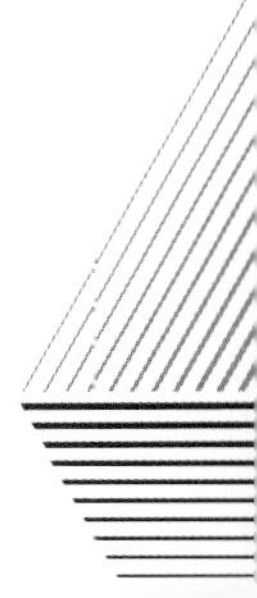

西藏：

坚决打赢雪域高原根治欠薪攻坚战

世界屋脊，雪域高原。

党的十八大以来，面对平均海拔超过 4 000 米的特殊地理环境和气候条件，西藏自治区人社部门从“治边稳藏”的战略高度出发，充分认识根治欠薪的重要性和紧迫性，认真履行职责，积极做好保障劳动者工资支付工作，维护了雪域高原的用工秩序。

“保障农民工工资支付工作责任重大、使命光荣，一头连着党和政府，一头连着人民群众，要把根治欠薪工作作为重要的民生保障任务，把思想和行动统一到习近平总书记重要指示精神和党中央、国务院决策部署上来，提高政治站位，增强责任感、使命感和紧迫感，从讲政治、讲大局的高度把关于根治欠薪的各项决策部署领会好、贯彻好、落实好，用心用情用力维护劳动者合法权益、维护社会公平正义。”西藏自治区人社厅党组书记李富忠说。

抓制度构建　重依法治理

2022 年 1 月 29 日，20 名拉孜县农民工来到西藏自治区人社厅劳动保障监察局，送上了一面写有“尽职尽责为人民，排忧解难树形象”的锦旗。

这14个字的背后，是人社厅工作人员不畏艰辛、多方协调，地方劳动保障监察部门及时跟进、调查取证，成功追回欠薪的故事。

“看到你们实打实为我们办事，我们干起活来没了后顾之忧，挣钱过好日子的心气更足了。”拿到工资后，农民工代表说。

2012年以来，西藏自治区人社部门围绕根治拖欠农民工工资，开启了从问题导向迈向依法治理的新进程。

十年间，西藏自治区先后出台了《关于构建和谐劳动关系的实施意见》《关于建立健全治理欠薪工作机制的意见》《西藏自治区工程建设领域农民工工资保证金制度实施办法》等30余部系列文件，为根治拖欠农民工工资问题奠定了坚实的制度基础。

在制度框架下，西藏自治区全面推进建筑工人实名制管理平台建设，依法落实农民工工资保证金、欠薪应急周转金、施工总承包企业代发工资、农民工法律援助等一系列举措，截至2022年6月底，自治区实名制管理项目共9 797个，实名登记118.7万人次，设立农民工工资专户9 020个，实现银行代发工资145.63亿元。

“从2019年起，自治区、地（市）、县（区）成立的根治欠薪联席会议升级为领导小组，并设立劳动保障监察机构，在重要节点成立专班，各部门分工合作，依法治理力度再次提级。”西藏自治区人社厅二级巡视员洛旦介绍。当地人社部门先从工程建设领域实行劳动用工实名制和工资银行代发制入手，逐步向其

他领域推进；将根治拖欠农民工工资工作纳入国民经济考核、平安西藏建设考核范围，每年组织开展根治欠薪专项督查，促进根治欠薪深入推进。十年来，一张“横向到边、纵向到底”的治理网络逐渐织密，实现了党委领导、政府负责、社会协同、公众参与、法治保障的共管共治。

抓队伍建设　重基层素质

“我们 21 个人在某公路项目上打工，从 8 月 3 日开始，项目部以没钱为由，一直推脱不支付我们的工钱。”2019 年 9 月，西藏自治区人社部门收到农民工吉依呷在网上的留言后，立刻以自治区根治拖欠农民工工资工作领导小组名义，向工程所在地的劳动保障监察部门和自治区相关主管部门下达欠薪案件督办函。

辖区劳动保障监察部门立即行动，经核查，该工程属某道路施工项目一标三分部，其土方班组负责人拖欠吉依呷等 20 名农民工工资共 30 余万元。劳动保障监察部门责令该标段马上支付农民工工资 20.5 万元，剩余工资由业主方直接代发，保证农民工足额拿到工资。

这是西藏自治区人社部门果断处理欠薪案件的一个片段，也是治理重心下沉的具体体现。十年来，西藏自治区人社部门在基层治理能力建设上不断加码，在提高效率和处置有据间找到了平衡点，有效保障了农民工合法权益。

治理效率与队伍素质直接关联。西藏自治区先后组织 1 500 余人次参与《保障农民工工资支付条例》线上线下培训；组织开

2021 年，日喀则市人社局在南木林县开展"冬季根治欠薪专项行动"。

展实名制管理培训 100 余场次，参训人数 5 万余人次，基层一线工作人员业务能力得到显著提升。

基层能力建设是执法基础。十年来，西藏自治区重视基层劳动保障监察执法力量建设，配备执法车辆，统一执法服装，明确专项经费支持范围；规范执法标准和监察管辖范围，规范办案文书、办案程序，使监察执法规范化。

"新冠肺炎疫情防控期间，劳动保障监察部门和行业主管部门 200 余名工作人员，通过主流媒体向社会公布了联系方式，'12333'劳动保障维权、行业部门投诉电话保持 24 小时通畅，让农牧民投诉有门。"拉萨市人社局劳动保障监察支队支队长拉巴次仁说。

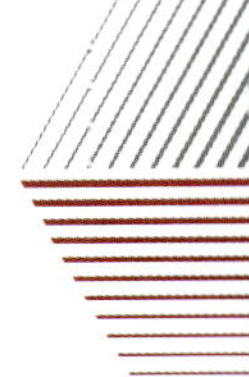

抓源头治理　重提前预防

2017 年，西藏自治区出台了《企业劳动保障守法诚信等级评价办法》，2018 年，又出台了《拖欠农民工工资“黑名单”管理暂行办法》，2022 年 3 月，西藏自治区人社厅发布 2022 年第一批拖欠农民工工资失信联合惩戒名单，目的都是用制度守护社会诚信环境，让失信者受限、守信者受益。

例如，西藏某建筑工程有限公司将工作任务发包给个人或不具备合法经营资格的单位，导致拖欠农民工工资。山南市加查县人社局依法向该公司下达劳动保障监察整改指令书，要求该公司在限定期限内支付农民工工资，逾期未履行。该公司行为符合《拖欠农民工工资“黑名单”管理暂行办法》第五条之规定，故决定将其列入失信管理名单。

“市场准入、招投标、税收优惠等方面全方位联合惩戒，提高企业违法成本，对违法者保持高压态势。”西藏自治区人社厅劳动保障监察局局长戚志刚介绍说。党的十八大以来，西藏自治区共评定企业 ABC 等级 2 638 家，推送重大劳动保障违法行为 130 起，39 家企业被列入拖欠农民工工资失信联合惩戒名单，持续巩固不敢欠、不能欠、不想欠的治理态势。

法制宣传是西藏自治区人社部门根治欠薪工作的预防措施之一。通过电视、广播、报刊、出租车顶灯、人行天桥电子屏幕等，人社部门全方位宣传根治欠薪相关信息，以汉藏双语制作发放宣传单、手提袋、海报等宣传品，向自治区农民工和企业宣传相关法律法规及政策措施。截至 2022 年 6 月底，自治区人社部门共印制宣传册 115.9 万余份，举办现场法律讲座 689 场次，发送手机宣传短信 105 万余条，营造了全社会关心关爱农民工的良好氛围。

2021 年，山南市人社局在乃东区开展清理整顿人力资源市场秩序专项行动。

2021 年 8 月，拉萨市在堆龙德庆区开展集中整治拖欠农民工工资问题夏季专项行动。

十年来，自治区各级人社部门逐渐摸索出源头治理的心得。

“根治拖欠农民工工资问题，一分靠政府监管，九分靠企业落实。依法规范管理，不发生工资拖欠，既是保障广大农民工依法获得劳动报酬的要求，也是企业维护自身利益的需要。”2022 年 2 月 17 日，在林芝市人社部门举办的辖区内川藏铁路等重大

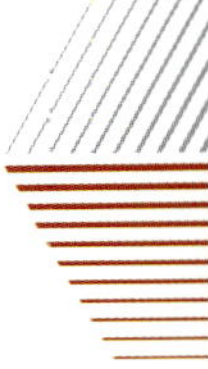

项目劳资专管员和负责人的培训班上，西藏自治区人社厅劳动保障监察局副局长王成刚现场解读了《保障农民工工资支付条例》。

“培训具有较强的实用性和针对性，后来在实地检查中，参加过培训的企业对实名制制度重视程度特别高，落实也特别到位，极大促进了企业规范用工。”林芝市人社局副局长玉珍说。

在那曲市，凡施工企业投标新开工项目，必须由招标项目所在地人社部门开具无欠薪证明后才能参与投标。无欠薪证明具有针对性和时效性，限制了欠薪企业参与新项目建设，大大减少了企业欠薪行为。

2021年，山南市人社局在乃东区开展清理整顿人力资源市场秩序专项行动。

在日喀则市，人社部门联合相关单位开发了基层社会治理现代化管理平台，将农民工工资专户、工资代发情况、考勤记录等信息全部录入，每月按工资支付周期进行数据分析，人社部门根据实际情况对未落实按月足额支付或拖欠工资的情况进行处置，从而实现将欠薪隐患消灭在萌芽状态。

截至2022年6月

底，西藏自治区各类欠薪举报投诉案件均实现了“两清零”，住建、交通、水利等部门实名制管理平台项目入库率达100%，案件数、涉及人数和涉案金额同比分别下降42%、33%、40%，全区根治欠薪工作取得了重要阶段性成果。

（赵为）

陕西：

三秦大地唱响劳务品牌“富民曲”

黄土高原苍茫质朴，渭河平原沃野千里，陕南山水秀美如画。作为古丝绸之路的起点、新丝绸之路的核心枢纽，三秦大地风光绚丽、万物峥嵘。

党的十八大以来，习近平总书记多次到陕西省考察，作出系列重要指示，寄予陕西省“要有勇立潮头、争当时代弄潮儿的志向和气魄”“谱写陕西高质量发展新篇章”的厚望。

牢记殷殷嘱托，在“一带一路”倡议和“脱贫攻坚”“乡村振兴”等战略的引领下，陕西省立足就业这一民生之本，把劳务品牌建设作为稳就业保就业工作的重要举措，加快培育、壮大、提升特色劳务品牌，推动劳务产业高质量发展。

十年间，踔厉奋发、砥砺奋进的实干精神在此涌动，技能提升、就业增收的富民乐章频频奏响，产业兴旺、民生殷实的崭新画卷徐徐铺陈。

政策引领　打造多个有地域特色的品牌

“薄筋光、煎稀汪、酸辣香”，“西岐名吃”臊子面誉满天下；匠心练就指尖功夫，“武功绣娘”一针一线绣出大好河山；一把小小修脚刀，“紫阳修脚师”撑起当地劳务经济半边天；“旬阳建工”队伍走南闯北，为各地增添现代城市亮色……

从 2000 年年初，陕西省各地开始着力打造“西岐名吃”“武功绣娘”“紫阳修脚师”等劳务品牌。

西岐名吃。

一县一品，多点开花。在陕西省，类似的劳务品牌有 80 多个。累累硕果，源自全省各级人社部门对劳务品牌的精心培育和倾力打造。

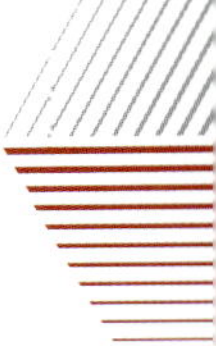

党的十八大以来，在发展劳务经济过程中，陕西省人社部门高度重视劳务品牌的培育、建设和发展工作，以打造特色劳务品牌为抓手，强化政策引领，进一步加大扶持力度。

三秦大地文化底蕴深厚，地域特色鲜明，人社部门以各地人文、旅游、民俗、美食、家政等相对稳定的行业为基础，联合相关部门重点打造 10 个以上中高端技能型劳务品牌、10 个以上高品质服务型劳务品牌、10 个以上文化和旅游类劳务品牌、10 个以上民生保障型劳务品牌。

召开劳务品牌全省座谈会，研讨劳务品牌培育建设方向，以结合文化的方法壮大升级思路；开展劳务品牌创业指导基层行活动，建立劳务品牌建设专家库；实地开展调查研究，形成陕西省劳务品牌发展现状分析报告，提供决策依据……系统上下联动，汇聚工作合力。

一品一策谋发展，一点一滴抓落实，全省劳务品牌建设工作持续推进。

2022 年，陕西省出台了《关于加强劳务品牌建设的实施意见》，在劳务品牌培育、壮大、培训、宣介、奖补等方面给予政策和资金支持。县级品牌一次性奖补资金上限为 30 万元，省、市级品牌可在此基础上额外增加奖补资金。被人社部、省人社厅确定参加国家、省级劳务品牌展示交流活动的，可对创建单位给予一次性奖补资金。“重点打造特色劳务品牌”也被陕西省纳入 2022 年全面推进乡村振兴重点工作之一。

十年积淀，璀璨升华。“康嫂家政”“武功绣娘”“小芳月

千阳绣娘培训班。

嫂”等一批劳动者自发型知名劳务品牌逐渐壮大；“旬阳建工”“潼关肉夹馍”“安康美厨”等一批企业主导型劳务品牌更加专业；“西岐名吃”“紫阳修脚师”“蓝田厨师”等一批政府主导型劳务品牌走向全国。

“全省传统劳务品牌得以巩固提升，一批新兴劳务品牌初步发展，保持了量的稳定和质的提升，引领和带动农村劳动力就业创业，有力提升劳务经济的质量和效益。”陕西省人社厅劳务交流服务中心主任邵红强介绍说。

技能提升　推动劳务品牌叫得响叫得好

“护理老年人，不仅要做好生活照料、基础护理，还要学习康复护理、心理疏导等多方面知识。”在宝鸡市岐山县2022年“西

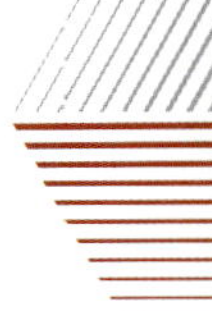

岐家政”劳务品牌就业技能培训班开班现场，50 名参训学员聚精会神地听老师讲解。经过 12 天培训，他们将统一参加职业等级认定考试，取得“双证”后被推荐就业。

技能培训是劳务品牌提升质效的重要手段，也是实现品牌发展壮大和高质量发展的重要支撑。

据岐山县人社局相关负责人介绍，近年来，为做好稳就业工作，全县及时召开培训机构工作部署座谈会，确定培训特色亮点，明确培训要求。同时，通过镇、村、社区三级联动，围绕重点行业、重点企业、重点群体等服务对象开展需求调研，精准摸清培训意愿，将群众需求、产业需求、就业岗位“三位一体”有机结合，有针对性地开展培训工作。

需求摸上来，政策送下去；力量聚起来，资源引下去。这是陕西省人社部门推进技能培训提升劳务品牌质效的缩影。

“广泛开展劳务品牌技能培训，组织特色劳务品牌精品培训班，通过技能大赛和现场展演展示培训成果，这是强化技能培训，实现劳务品牌‘叫得响、叫得好’的重要举措。”邵红强介绍。

十年间，陕西省各级人社部门立足本地特色和培训需求，按需开展“订单、定岗、定向”式培训，扩大劳务品牌从业人员数量，提高从业人员技能水平，拓展品牌发展空间。针对成熟劳务品牌，开展精品培训班，采取依靠品牌就业成功学员的现身说法和典型引路等方式，影响带动一批劳务品牌做大做强，发挥品牌效应，提升竞争力。同时，组织线上线下品牌展示、劳务品牌专场招聘会等多种活动，促进劳务品牌进一步壮大发展。

“2021 年以来，县里成立了蓝田县厨师培训学校及蓝田县厨师协会，组织开展了技能竞赛及蓝田名菜、名厨评选，打造标准化‘蓝田名点’连锁店面品牌，将‘蓝田厨师’‘蓝田美食’推向全国。”蓝田县人社局相关负责人说。

技能水平持续提升，金字招牌越擦越亮。在第三届全国创业就业服务展示交流活动中，陕西 5 家劳务品牌获得展示和推荐，并入选《百家劳务品牌名录》。在网络投票活动中，“西岐名吃”和“蓝田厨师”荣获全国“最受关注劳务品牌”称号。

产业富民　开辟就业增收经济发展新通道

“正因为 2018 年参加了家政服务月嫂培训班，我凭技能改变了命运，创造了现在的美好生活！”陕西康嫂家政服务有限公司培训讲师王荣荣激动地说。这几年，她从建档立卡贫困户成为家政服务行业的精英，一举拿下了全国扶贫职业技能大赛家政服务项目金牌，并被授予“全国技术能手”称号，还获得了“全国五一劳动奖章”。

王荣荣的成长历程，是普通劳动者依靠劳务品牌、提升技能水平、实现脱贫致富的典型代表。这样的故事，在陕西省还有很多。

特色劳务品牌的成功打造，为贫困群众脱贫增收开辟了新途径。他们掌握了一技之长，依靠行业品牌，获得稳定的收入，走上致富之路。

在紫阳县，“紫阳技能扶贫经验”不仅入选全球首批 100 名最佳减贫案例、全国第一届人社领域精准扶贫典型案例、第二届中国优秀扶贫案例，还被评为2018年度中国就业地方创新事件。“紫阳修脚师”知名度提升，也极大地促进了产业发展，形成全面发展的良好态势。据统计，紫阳县全县28%的劳动力、56%的外出劳动力已聚集到修脚行业，实现了劳务输出结构的优化调整；“紫阳修脚师”在全国创办修脚企业达到160余家、修脚店9 000余家。

发展劳务品牌，也为广大农村富余劳动力就业找到了新门路。“以前，大量富余劳动力远赴省外务工，随着乡村振兴战略的实施和我省一些特色产业的兴起，省内就近就地就业成为首选。”邵红强说。

“旬阳建工”劳务品牌的崛起就是其中的典型。据介绍，旬阳市全市年均输出农村劳动力9万人次，其中，“旬阳建工”

“旬阳建工”务工场景。

劳务品牌年均带动就业人数超过 6 万人，占全市劳务总人数的 2/3，年创劳务收入 40 亿元。目前，旬阳市已有 300 多家建筑总承包公司，旬阳也被评为“劳务输出工作示范县”。

劳务品牌的壮大，还为区域经济高质量发展打开了新通道。近年来，劳务品牌快速发展的同时，配套产品行业也迅速发展，劳务品牌年经济产值近 950 亿元。

“西岐名吃”劳务品牌累计举办各类名吃烹饪培训班 516 期，培训 5.3 万人，帮助约 2.5 万人自主创业，带动农村劳动力转移就业 9.3 万人，占岐山县农村劳动力转移就业人数的 58.9%，年经济产值达 140 亿元；“安康美厨”劳务品牌培训学员超过万名，在省内外经营特色餐饮企业近 500 家，有千余名学员成为全国各大酒店行政主厨或厨师长，带动劳动力转移就业 10 万余人，年经济效益近 60 亿元。

十年成就非凡，奋进开创未来。陕西省人社厅党组副书记、副厅长孟小瓒表示，下一步，陕西省将强化政策引领、深化培训体系、加大宣传力度，提升劳务品牌质效，扩大品牌知名度和影响力，将其作为稳就业、促增收的重要渠道，为拓展巩固脱贫攻坚成果与乡村振兴有效衔接发挥更积极的作用。

（杨勤　李正强）

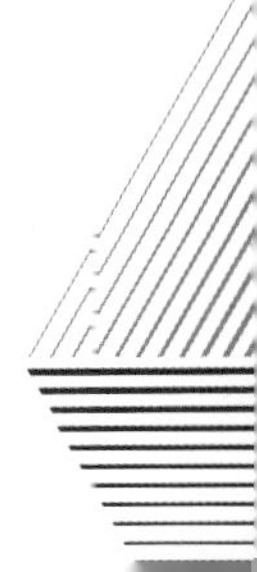

甘肃：

千里陇原见证十年跨越

牢记嘱托，奋进赶考路；富民兴陇，绘就新图景。

十年感恩奋进，十年成绩斐然。

新时代的十年是甘肃省快速发展、繁荣振兴的十年。

党的十八大以来，习近平总书记两次考察甘肃省，对甘肃省改革发展作出重要指示，强调深化脱贫攻坚，加快高质量发展，加强生态环境保护，保障和改善民生，努力谱写加快建设幸福美好新甘肃、不断开创富民兴陇新局面的时代篇章。

十年来，甘肃省迎来了加快发展、繁荣振兴的重要契机，也面临决战脱贫攻坚、转变发展方式、修复自然生态、净化政治生态等艰巨任务。十年来，陇原大地发生了翻天覆地、令人振奋的新变化。

攻坚克难显担当，团结奋进写华章。党的十八大以来，甘肃省各族干部群众负重自强、顽强拼搏，推动各项事业全面进步，呈现出综合实力显著提升、改革开放不断深化、生态治理大见成效、人民生活明显改善、社会大局和谐稳定、党风政风民风昂扬向上的良好局面。到 2021 年，全省生产总值跨上万亿元台阶，一般公共预算收入突破千亿元大关。

甘肃省以“民有所盼，我有所为”的决心，千方百计改善民生，加强基础性、普惠性、兜底性民生建设。2017 年以来，民生支出占财政总支出比例连年保持在 80%左右，城乡居民收入年均分别增长 7.1%和 8.9%，累计实现城镇新增就业超过 200 万人，推动劳务输转 2 600 多万人次。

笃志前行　技能建设谱新篇

强国建设，“匠心”铸就。党的十八大以来，甘肃省职业能力建设工作以促进劳动者技能成才、技能就业为目标，深化职业资格改革，加强高技能人才队伍基础性建设，积极推进技工院校改革，不断提升劳动者就业创业能力，技能人才总量稳步增长，技能人才结构进一步优化，技能人才创新活力得到有效激发。

《甘肃省中长期人才发展规划 (2010—2020 年)》《甘肃省中长期职业技能培训规划（2018—2025 年）》《甘肃省职业技能提升行动实施方案（2019—2021 年）》《关于实施职业技能提升行动“互联网＋职业技能培训计划”的通知》《甘肃省百日免费线上职业技能培训行动实施方案》……一个个计划相继出台，立足经济社会发展和就业创业需要，实施“互联网＋职业技能培训计划”，大力推进职业技能提升。

返乡入乡创业人员、乡村创业致富带头人、小微企业主、个体工商户以及距刑满释放不足一年的服刑人员、戒毒人员……享

受培训补贴人群范围不断扩大，培训补贴的覆盖面进一步拓宽。2013—2021 年，累计开展各类职业技能培训 517.4 万人次。

技能强国，需要政府、社会、企业创造更多圆梦舞台，甘肃省累计建成国家级高技能人才培训基地 14 个，省级高技能人才培训基地 22 个，国家级技能大师工作室 35 个，省级技能大师工作室 107 个。加快部署培养一批促进企业技术创新、推动产业结构调整的能工巧匠和高素质产业大军，力促“技能甘肃”落实落地。以“鲁甘‘工匠联盟’”为抓手，创新、夯实对口协作措施。首次从技能领域领军人才中选拔了 2 名拔尖人才，实施三年培养计划，为大力弘扬工匠精神、推动高技能人才发展拓宽了新渠道。目前，

全国乡村振兴职业技能大赛美发大赛，甘肃省选手获得铜奖。

全省技能人才总量已达到 217.9 万人，其中高技能人才 41.4 万人。

为了拓展技能人才成长空间，政策不断发力，改革不断破冰。一方面，积极推进企业职业技能等级认定工作，为推动技能人才“人人持证”进程奠定了坚实基础；另一方面，畅通技能人才职业发展通道，健全完善职业技能等级制度，鼓励企业针对优秀高技能人才探索设立技能专家、首席技师、特级技师等岗位，在人才服务、政策支持以及参与社会事务等方面给予支持。

守正创新　精准培训助脱贫

脱贫攻坚期间，甘肃省人社厅紧盯“急难愁盼”问题，把就业帮扶工作干出更大成效。不断优化工作方式，工作不留空档，政策不留空白，在充分发挥培训机构作用的基础上，发挥企业的培训主体作用，坚持以就业为导向、以增收为目的，持续推动培训输转一体化。

实现稳定就业，既是贫困家庭最直接、最有效的脱贫举措，又是帮助贫困劳动力实现身份转变、成为新时代产业工人、融入社会发展轨道的根本举措。

临夏州人社局深入研判贫困劳动力生产生活和培训需求，以工学互补、工学融合为引领，积极开展“嵌入式”“培训券式”“订单式”培训、实操性培训以及“互联网＋培训”，让培训管用实用、高效便捷。坚持以岗位赋能量、经风雨、拓视野、长才干、保增收的发展思路，抓住东西协作契机，创新举措、主动作为。

身为家庭主妇的马米乃在一次偶然的机会，得知“临夏阳光

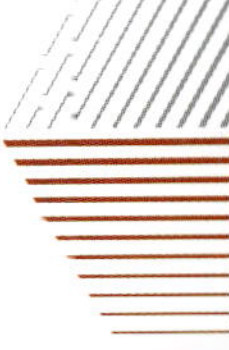

甘肃省人社厅、临夏州政府主办，甘肃省劳务办、临夏州人社局承办的甘肃省2019年“春风行动”启动仪式暨东西部劳务协作劳动用工现场招聘会在临夏州举行。

大姐”的免费招生信息，抱着试一试的态度，她报名参加了培训。在工作人员的介绍和引导下，她选择了就业率较高的母婴护理培训班。在经过10天的专业培训和严格考试后，她熟练掌握了孕妇、产妇、新生儿生活照料和日常保健护理技能，并在2022年2月份，如愿迎来人生中的第一份工作。“真的没有想到，我一个大字不识几个的家庭妇女，现在一个月能拿到8 000元的工资，以前想都不敢想啊。”说到这儿，马米乃脸上洋溢着自信与自豪。

善谋者行远，实干者乃成。甘肃省创新培训方式，对外出务工人员，开展电工、电焊、汽修、家政服务等特色品牌技能培训；对居家妇女开展手工编织、农家乐经营等居家就业培训；对有创业意愿且具有一定基础的劳动力，开展产业经营、商业营销等创业培训。

2021 年 7 月 2 日，庆城县职业技能（创业）培训班老师正在和学员们进行互动交流。

甘肃省人社厅职业能力建设处处长史永斌说："我们坚持集中培训与上门服务相结合，通过'送培训下乡'和'培训大篷车'等方式在乡镇村社、田间地头开展培训。充分利用扶贫车间在群众家门口的优势，把培训课堂延伸到贫困村，针对扶贫车间所需技术开展技能培训，既培育储备了一批技工人力资源，又使困难群体就业增收。拓展线上职业技能培训，积极引导市县，搭建网络服务平台，利用新媒体信息工具，通过直播、录播、PPT 等多种培训模式，为贫困劳动力提供居家线上培训。"

十年来，市州与县区人社部门、劳务机构、培训机构发挥帮扶省市、企业作用，把劳动力培训和劳动力输转紧密结合，健全一体化服务体系，2012—2020 年，全省完成精准扶贫劳动力培训 262.88 万人次，其中脱贫劳动力 169.75 万人次。

勇担使命　劳务品牌树形象

造型别致的灯笼、形态各异的串珠、逼真时尚的假发、针线均匀的鞋底、色彩缤纷的手工拖鞋……

当一件件精美的手工编织作品被展示出来，培训现场欢声笑语一片，学员脸上洋溢着对未来美好生活的无限憧憬。这是武威市人社部门助力乡村振兴，大力开展职业技能培训，帮助老百姓增收致富的一个缩影。

为促进广大妇女及家庭增收致富，武威市人社部门和妇联依托武威巧兰花手工编织有限责任公司合力打造“凉州巧嫂子”劳务品牌，将技能培训作为劳务品牌培训的重要举措，努力把手工编织小产品做成经济发展的大产业，可谓小切口打开大局面，小举措撬动大革新。

他们针对农村留守妇女实际，主动送技能上门，同时搭建“精细化”的就业服务平台。在培训方式方法上，根据培训对象和培训需求的不同，灵活多样地制定不同的培训计划，以集中授课为主，兼具一对一辅导、班组培训、角色扮演等内容；在时间安排上，有全天、半天、夜间或部分时间段等，力求取得最佳的培训效果，学员不仅能得到理论知识和实践经验，而且获得了一种工作经历，获得感显著增强。通过“培训＋订单销售”的模式，有效解决了农村留守妇女就业难的问题。

“通过手工编织培训，我实现了居家就业，一个月能挣3 000多元。”学员盛宁高兴地说。截至2022年6月底，仅武威市劳动服务技工学校就开展手工编织培训班 29 期，培训妇女 875 人，带动 500 余人实现就近就地灵活就业。

天水市秦州区人社局结合劳务大区这一独特的区域特征，着力打造“齐寿建筑工”“藉河技工”“牡丹家政大姐”“曹刘保安”“陇原妹”“顾家米人”等劳务品牌，不断推动劳务输出向品牌化、专业化、规范化方向发展。当地大力宣传秦州历史文化，帮助秦州农民工走南闯北，发挥“金字招牌”作用和市场效应，提升市场竞争力，最大限度地促进农民工稳定就业，提高生活质量。2022 年以来，仅“牡丹家政大姐”这一品牌就向北京市等地输送劳动力 860 余人。

领悟昨天，贵在总结谋新；奋斗今天，矢志超越革新；拥抱明天，勤于赋能迎新。过往的十年，陇原儿女披荆斩棘，奋力奔跑；展望未来，山海可蹈，虽远必达。

（李小彤　彭正泽）

青海：

大美青海唱响新时代人社凯歌

青海浮天阔，黄山裂地虚。

从三江源头到大湖之畔，从农区人家到草原牧乡，青海省聚力绿色发展，筑牢生态屏障，共创美好生活，奋力谱写全面建设社会主义现代化国家的青海篇章。

党的十八大以来，青海省人社厅深入学习贯彻习近平总书记关于人社工作的重要指示批示和考察青海时的重要讲话精神，牢固树立以人民为中心的发展思想，在稳就业保就业、深化社会保障制度改革、加快人才队伍建设、构建和谐劳动关系、提升为民服务质量等方面，取得了突出成就。努力让百姓的生活更加殷实、精神更加富足、笑容更加灿烂，全省各族人民群众的获得感、幸福感、安全感持续提升。

十年来，青海省人社事业蓬勃发展，在全国创造了多项“率先”，多次获得国家级表彰，赢得了人民群众满意的口碑，赢得了社会各界的广泛赞誉，唱响了新时代人社服务凯歌。

就业就是最大的民生

城镇累计新增就业 61.74 万人，年均超过 6 万人；农牧区劳动力转移就业 1 134.4 万人次，年均超过 110 万人次……一组组数字正是青海省十年来坚定不移促进就业创业工作最好的证明。

党的十八大以来，青海省着力实施就业优先战略，完善积极就业政策体系，推动形成政府激励、社会支持、劳动者勇于就业创业的新机制，全力稳就业保就业，全省就业实现“质量、数量”双提升。

面对新冠肺炎疫情冲击，青海省人社部门沉着应对、攻坚克难，稳住就业“基本盘”，发挥了就业促进经济稳定发展的“压舱石”作用。青海省积极优化就业结构，城镇登记失业率从 3.4% 下降到 1.8%，保持较低水平；城镇吸纳就业人数超过农村，城乡就业格局发生了根本性转变；第三产业成为吸纳就业的主体，超过“半壁江山”。此外，青海省人社部门累计帮助 16 万余名高校毕业生就业，帮扶 33.24 万名失业人员再就业和 4.46 万名困难人员就业，实现零就业家庭动态“清零”，实现重点群体就业稳定。

党的十八大以来，青海省大力打造劳务品牌，形成了以“青海拉面”“青绣”“枸杞采摘”为代表的一批优质劳务品牌。据统计，青海人在北京市、广州市等 270 多个国内城市和马来西亚、加拿大等 10 余个国家开办拉面店 3.3 万家，带动近 20 万人就业，年经营收入达 200 亿元。一碗碗热气腾腾的牛肉拉面，载着浓浓乡愁、

十年来，青海省人社厅每年举行“春风行动”，为劳动者和企业搭建平台，促进各类群体就业增收。

伴着青海故事、带着高原魅力，闯出青海、遍布全国、走向世界。从“小打小闹”的街头小摊荣登地理标志的“大雅之堂”，成为名副其实的“就业面”“致富面”“幸福面”，向世人展现了高原儿女的勤劳朴实和自强不息、敢闯敢干的精气神。

建立完善的社会保障体系

青海省始终把社会保障作为保障和改善民生、维护社会公平、增进人民福祉的重要制度安排。

十年来，青海省坚持全覆盖、保基本、多层次、可持续方针，不断满足人民群众多层次多样化需求，织密扎牢了社会保障“安全网”。机关事业单位和企业养老保险制度顺利并轨，建立起全省统一的城乡居民基本养老保险制度，率先实现失业保险、工伤保险省级统筹，基本建成覆盖城乡的社会保险制度体系。在青海大地，各族群众不分城乡、地域、性别、职业，在面对失业、工伤等困境时都有了相应的制度保障。

积极扩大社会保障覆盖范围，青海省全省目前养老保险、失业保险、工伤保险参保人数分别达到432万人、55万人、96万人，比十年前分别增长了65%、47.5%、95%，基本实现法定人群全覆盖、人人享有社保的目标。

全省采取多举措逐步增强社会保障服务能力。累计发放社保

2021年4月，人社服务小分队到敬老院为老年人提供上门认证服务。

卡582万张，覆盖全省98%的常住人口，基本实现“人手一卡”；不断优化服务功能，初步实现惠民惠农补贴、就医购药等民生服务“一卡通”。

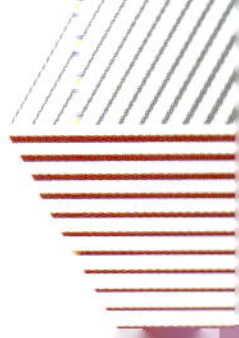

2017年，青海省首张藏汉双语社保卡在玉树州发放。

人才队伍建设蓬勃发展

青海省始终把人才工作作为关乎发展的根本问题。坚持党管人才原则，深入实施人才强省战略，强化人才发展体制机制改革，大力培养本土人才，积极引进紧缺人才，不断激发人才创新创造活力，人才工作迈上新台阶。

青海省着力在引才、育才、用才上下功夫，出台《“青海学者”计划实施办法》等政策文件，国家级、省级人才重点项目有序推进，“昆仑英才”行动提质增效，科学制定23个职称改革方案和32个评价标准，新一轮职称制度体系基本形成，成效显现。

为了推动高素质人才和技能人才队伍壮大，青海省创新“项目 + 平台 + 人才”模式，建立5个国家级专家服务基地、4个国家级继续教育基地，“组团式”引进博士 632 名，博士后科研流动站实现零的突破，博士后科研站点进入“两位数”时代，高层次人才达到 3 611 人，专业技术人才总量达 18.05 万人。同时，推行终身职业技能培训制度，精准开展“菜单式”定岗定向和创业培训，组织城乡劳动力职业技能培训 98.8 万人次，技能人才总量达到 37.7 万人，比 2012 年增长了 26.5%。各类人才对青海省经济社会发展的贡献逐年提升，在推动经济社会持续健康发展、助力生态文明建设、抗击新冠肺炎疫情、促进民族团结进步等方面发挥了积极作用。

坚定不移维护劳动者合法权益

青海省始终把维护劳动者权益作为工作的出发点和落脚点。坚持法治思维、依法行政，用法治方式积极预防化解劳动关系领域突出问题，着力维护企业和劳动者合法权益，全省劳动关系保持总体和谐稳定，为实现经济高质量发展、促进社会公平正义发挥了重要作用。

青海省以推进劳动合同制度建设为抓手，完善构建和谐劳动关系配套措施，强化政策指导和日常督促检查，企业劳动合同签订率和履行质量逐年提高。2021 年年底，全省企业劳动合同签订率达 96%以上。创新协调劳动关系三方机制，建立健全由政府、工会、企业共同参与的协商协调制度。全省以贯彻《中华人民共和国劳动争议调解仲裁法》为核心，以加强劳动人事争议处理效能建设为主线，制定出台 14 项劳动人事争议调解仲裁工作制度规定，强化了依法公正处理争议案件的制度保障。按照“快立、快调、快审、快结”原则，优化争议处理程序，畅通争议处理通道，依法维护当事人合法权益。累计处理争议案件 1.7 万余件，仲裁结案率保持在 96%以上。

青海省始终把加强人社公共服务能力建设作为践行初心使命的基础工程。通过简政放权、优化流程、创新服务，不断提升人社政务服务的标准化、信息化、便捷化水平。全系统共精简各种证明材料 110 项，办事企业和群众提供材料减少 85.9%；75 项服务“零跑腿”；办理时限提速 50%以上；10 个“一件事”打包办、29 个异地事项跨省办、190 个事项省内通办，实现“一般事项不见面、复杂事项一次办、无谓材料不用交”。

全省建成人社政务服务一体化平台，190 项服务事项在省政务服务网、厅门户网和人社通 App 实现“一网通办”，网办业务占比达 90%。通过大数据比对从“人找政策”转变为“政策找人”，职业技能提升培训补贴等 9 个事项实现“免审即享”。针对老年人运用智能技术困难问题，开展适老化改造，推行授权代理、亲友代办，提供上门服务，让人社服务更加贴心、暖心。

迈进新时代，青海省人社部门将始终坚持以人民为中心的发展思想，以更大的改革勇气、更积极的进取精神，推动社会保障高质量发展、可持续发展，不断增强人民群众的获得感、幸福感、安全感，将人社凯歌唱响青藏高原。

（闫光明）

宁夏：

塞上江南擘画和谐劳动关系新蓝图

贺兰山下果园成，塞北江南旧有名。

2016 年和 2020 年，习近平总书记两次来到宁夏视察，对宁夏发展提出了总体要求、指明了方向路径、擘画了美好蓝图，是指引宁夏各项事业发展的行动指南和根本遵循。

十年来，宁夏牢记习近平总书记的深情嘱托，勇担使命、不负韶华，以“不到长城非好汉”的精神、“不破楼兰终不还”的拼劲，正视问题，找准短板，在劳动关系领域负重拼搏、锐意创新，实现了和谐劳动关系建设弯道追赶的“加速度”。

十年来，宁夏回族自治区劳动关系改革持续发力，政策不断创新突破。

制定实施新业态劳动者维权政策，改善了劳动者权益，规范和促进了新业态经济的健康发展；优化完善特殊工时审批服务，为数千家企业松绑，6 万名劳动者直接受益，劳动安全得到更高质量的保障。

构建和谐劳动关系工作机制从无到有，日益健全，全区劳动

合同签订率保持在93%以上，集体协商建制率在90%以上，小微企业和新业态企业签订劳动合同人数持续增长，让更多劳动者劳动保障权益得以维护。

不断探索劳动关系公共服务均等化发展道路，实现了全手工作业到“全网办理、无纸化办公、一条龙服务、全闭环管理”的宁夏模式。

创新发展　探索为民服务“提效能”

发展一日千里，创新时不我待，锚定目标，笃行实干才能破浪前行。

宁夏回族自治区学习追赶全国先进地区工作经验，创新探索“五个一+两个自助”的劳动关系公共服务新模式，利用宁夏政务网、人社专网及国家、自治区多个公共服务平台，拓展劳动关系公共服务、“劳动保障监察平台”和“互联网+调解”应用，统一全区劳动合同示范文本和劳动用工管理标准。全面实施电子劳动合同，全区劳动关系公共服务平台企业注册用户达5.86万，个人用户125.98万。

石嘴山市以在全区率先试点运行为契机，大力推进一体化平台运用。石嘴山市人社局副局长徐海峰介绍：“我们按照‘以点带面、逐步推广’的工作思路，选取了用工人数较多、用工管理规范的用人单位，开展电子劳动合同试点工作，及时收集整理线上签订劳动合同中的问题，及时反馈至自治区人社厅，不断修改完善。”

千头万绪的事，说到底是千家万户的事。为群众办实事，要

劳动关系网上公共服务应用培训班。

有站得高、看得远的胸怀和眼光，也要有不弃微末、久久为功的精巧细心。

宁夏回族自治区人社部门统筹兼顾，靶向施策，从整合劳动关系业务入手，健全完善人社服务平台功能，将网上签订劳动合同纳入“人社服务快办行动”，实行劳动关系、社保、就业等多项业务“打包办”，大大降低了企业和群众办事跑腿成本，缩短了办事时间。

宁夏石运汽车运输有限公司人力资源部部长闫伟说：“推行网上签订劳动合同既方便了企业，也为职工提供了便利。我们是运输企业，职工经常在外面跑，以前签订劳动合同需要职工从外地赶回公司签合同，现在职工随时随地就可以通过手机或网上签订劳动合同了，企业也不用再跑到政务大厅去为职工办理劳动用工备案手续了，提高了企业人力资源管理的效率；而且劳动合同无纸化管理，也为企业降低了成本。”

截至2022年一季度末，宁夏回族自治区劳动关系一体化公共服务平台在线上共签订电子劳动合同109.5万份，解除劳动合同87.4万份，办理合同变更2 517份，续签1.9万份。

创新服务　激活劳动关系“新动能”

为人民服务，不仅要做到用心用情、精心暖心，还需要主动开拓思路，做到更智慧、更开放。构建和谐劳动关系，不仅能保障职工的合法权益，而且能够激发企业的发展动能。灵武市的做法就是生动的例证。

灵武市养殖基地是2019年该市为推动产业转型升级倾力打造的大型养殖园区。企业入驻之初，劳动保障法律法规意识较为淡薄，劳动合同签订率和社会保险参保率低，针对这种情况，灵武市人社局及时跟进，为企业提供规章制度审查、开工指导等特色服务，补齐企业发展的短板。

2021年2月以来，灵武市聚焦几个特色产业板块，针对转型升级、招聘用工、人才培养等方面的难点问题，为企业送政策、送服务、送岗位、送点子，问需求、问意见，开通政策“直通车”，下透政策“及时雨”，激活创新“驱动器”，切实当好人力资源“普查员”、风险防范“消防员”、工资发放“监督员”、矛盾纠纷“调解员”、法规政策“宣讲员”、人民群众“服务员”和企业发展“护航员”。

宁夏新澳羊绒有限公司是原宁夏中银绒业股份有限公司破产重组后，由灵武市人民政府引进的一家以从事羊绒染色、纺纱为主体的上市公司。引进后，灵武市人社局主动上门，从职工招聘、劳动用工管理、社会保障政策法规解读等方面一对一提供“管家式”服务。先后帮助企业招聘职工260多名，减免社保费370多万元，发放稳岗政策补贴450多万元。目前，该企业职工队伍稳定，劳动关系和谐，已经成为灵武市羊绒产业发展的“领头羊”。

宁夏新澳羊绒有限公司人力资源部负责人金跃华说：“公司能取得今天的成就离不开灵武市政府的大力支持，特别是灵武市人社局开展‘四送两问’和‘和谐同行·劳动保障百企行’活动，使我们受益匪浅。不但帮我们规避了劳动关系领域的法律风险，还帮我们解决了人员招聘和新冠肺炎疫情防控期间企业生产遇到的实际问题，企业发展的后劲更足了。”

构建和谐劳动关系“四送两问”政策咨询会。

创新推动　扎牢和谐稳定“铁篱笆”

宁夏回族自治区人社部门坚持把构建和谐劳动关系融入黄河

流域生态保护与高质量发展先行区建设大局中，把劳动关系能力提升三年行动与“百千万计划”纳入《宁夏回族自治区人力资源和社会保障事业发展“十四五”规划》，关注社会热点、焦点，坚持把防范化解劳动关系领域矛盾风险融入国家与自治区重大专项来高位推动。

宁夏回族自治区人社厅劳动关系处处长刘涛说：“我们建立了常态督导考核机制，持续增加平安宁夏考核权重；用好矛盾风险监测预警、会商研判、矛盾纠纷调处、突发性事件应急处置‘四个工作机制’，重大活动、重要节庆日、重要节点24小时值班。”

百围之木，始于勾萌；万里之途，起于跬步。宁夏回族自治区人社部门从最细小琐碎的工作着手，坚持“零报告”“日报告”“周报告”“月调度”“季分析”；采取“一访、二排、三摸、四核、五商、六帮”工作法，深入开展风险矛盾排查化解；重点工作实行项目化管理、专班推进，挂图作战，年初建账、年中查账、年底核账。在做好每一件小事，完成每一项任务，履行每一项职责中都体现出严谨细致的工作作风。

聚焦劳动关系领域风险隐患，宁夏各级人社部门关注企业规模裁员、劳务派遣用工、休息休假、新业态用工、企业破产等重点风险区域，全区上下协调，齐抓共管，开展劳动关系领域专项行动，牢牢守住不发生区域性、系统性劳动关系风险底线。开展规范小微企业劳动用工管理专项行动，“拉网式”联合执法检查，指导各类小微企业建立规范劳动关系。开展规范新业态企业劳动用工管理专项行动，优化新业态企业劳动用工服务，积极探索建立新业态职业伤害保障。开展劳务派遣用工监管专项行动，“整治一批、规范一批、激励一批”，探索解决“重审批、轻管理”问题。

鼹鼠快送总经理沈亮感慨地说：“2020 年初新冠肺炎疫情突发，在人社部门有关援企稳岗政策的大力扶持下，我们携手每一位员工，坚持不裁员并保证所有员工不降薪，在保障配送员劳动安全防护的前提下确保公司正常运营。时至今日，没有发生一例工伤，没有员工感染新冠肺炎，为稳定员工岗位、增加收入，维护社会安全稳定贡献了微薄之力。”

平罗县构建和谐劳动关系座谈会。

雄关漫道真如铁，而今迈步从头越。在新时代的大潮中，宁夏回族自治区人民将继续秉持艰苦奋斗、求真务实、开拓创新精神，在新的赶考路上聚精会神、扬鞭奋蹄、中流击水，交出一份更好的答卷。

（李小彤　周新春）

新疆：

幸福花开满天山

驼铃声声，丝绸之路绘就历史长卷；汽笛鸣响，中欧班列澎湃发展动能；瓜果飘香，天山南北铺展民富业旺新画卷……如今，一幅安定祥和、蓬勃发展的幸福图景正在祖国西北160多万平方公里的土地上徐徐展开。

党的十八大以来，习近平总书记心系新疆工作，两次亲临新疆视察，参加十二届全国人民代表大会五次会议新疆代表团审议，在两次中央新疆工作座谈会上发表重要讲话，从战略和全局高度谋划部署新疆工作，逐步形成了新时代党的治疆方略。

嘱托，声声入耳；前行，力量倍增。十年来，沿着习近平总书记指引的方向，新疆维吾尔自治区人社系统坚定践行以人民为中心的发展思想，以发展促就业，以就业保民生，全面实施就业优先战略和积极就业政策，深入推进扩大就业惠民工程，实现经济发展和民生改善的良性循环。

把准重点　始终兜牢就业“安全线”

2022年7月，习近平总书记在新疆考察调研时强调，要深刻认识发展和稳定、发展和民生、发展和人心的紧密联系，推动发展成果惠及民生、凝聚人心。

发展是新疆维吾尔自治区长治久安的重要基础，也是群众安居乐业的源头活水。十年来，新疆不断加强经济政策与就业政策衔接，形成了覆盖城乡各类群体就业创业的政策体系，让更多劳动者端稳就业“饭碗”。

“我希望有一份稳定的工作和收入。”“我希望全家一起去旅游。”昌吉州木垒县阿克塔斯村村民努尔扎拜·沙哈巴曾经的愿望清单，如今一一实现。

“这都多亏了党和政府的好政策！”努尔扎拜·沙哈巴说。过去由于没有技术专长、语言交流有障碍，努尔扎拜·沙哈巴换了多个工作，收入不稳定。在当地人社部门帮助下，2022年他免费接受叉车驾驶技能培训，顺利入职新疆神火煤电有限公司，实现了在“家门口”就业，每个月有七八千元收入。

新疆维吾尔自治区持续巩固拓展就业扶贫成果同乡村振兴有效衔接，多渠道促进农村劳动力外出务工。围绕地方优势产业发展，积极引导农村劳动力到就业帮扶车间、社区工厂就近就地就业；建立并深化区域劳务协作机制，不断拓展农村劳动力外出务工渠道，推动农村劳动力外出务工。

十年努力，硕果累累。2012—2021年，全区农村劳动力外

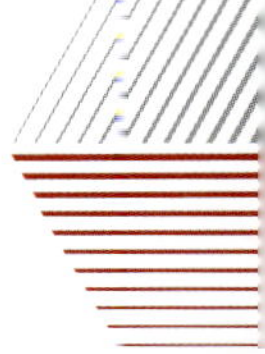

出务工 2 850.07 万人次，从 2012 年的 271.4 万人次增至 2021 年 317.4 万人次，增加 46 万人次，增长 16.95%，基本实现了城乡有劳动能力的人都能稳定就业。

“基层就业支持政策让我深刻感受到党和国家的关怀，更加坚定了我扎根基层，拼搏奋斗的决心！”2020 年，王良哲从中国石油大学克拉玛依校区资源勘查工程专业毕业后选择到新疆基层工作。

促进高校毕业生就业是稳就业的重中之重。新疆维吾尔自治区统筹实施高校毕业生就业创业促进计划、基层成长计划、“三支一扶”计划等，出台了助学贷款代偿、社会保险补贴等一系列基层就业政策“礼包”，积极引导大学生到基层就业。同时，拓展市场化、社会化就业渠道，全面落实社会保险补贴、就业见习补贴、求职创业补贴等扶持政策，开展各类线上线下招聘活动，引导高校毕业生基层就业、企业就业、自主创业和灵活就业。

截至 2022 年 6 月底，全区就业见习基地 2 450 家；2018 年以来，新增就业见习单位 930 家，开发就业见习岗位 5.6 万余个，组织见习人员 3.8 万余人；2018 年以来，全区开展人社局长、企业经理进校园、进社区 344 场次，服务毕业生 56 万人次。

一个岗位的背后，是一个家庭的幸福安宁。新疆维吾尔自治区坚持对就业困难人员和城镇零就业家庭成员实行实名动态管理和分类帮扶，确保有劳动能力家庭至少有 1 人实现就业。十年来，共帮助 54.37 万名城镇就业困难人员实现就业，零就业家庭动态清零。

“双创”潮涌　持续释放就业新动能

晚上 9 点，位于塔城市阿西尔乡得日则加甫克村的疆趣食品坊里，灯火通明，奶酪包、果仁列巴、酥皮点心等各式糕点琳琅满目，负责人高琰正在进行新产品试吃、拍摄工作。“短视频推出后，很多人想找我购买糕点，网络订单越来越多，我们正在抓紧生产。”

早年间，高琰在深圳市做珠宝镶嵌工作。2014 年，她回到塔城市，在当地人社局的帮助下，申请到 10 万元的创业担保贷款，随后参加了电商培训，还与塔城市技工学校达成校企合作，为学生提供技能培训和就业岗位。“创业以来，政府给予了很多支持，现在公司发展越来越好，我也想回馈社会，带领更多乡亲致富。”高琰说。目前，她的食品坊已吸纳就业 50 余人。

创业是就业之源，是稳定和扩大就业的重要支撑。十年来，新疆维吾尔自治区深入贯彻落实“大众创业、万众创新”战略部署，持续优化创新创业环境，不断加大创业扶持力度，形成了统筹城乡一体化的创业创新政策支持和服务体系，充分发挥了创业带动就业的倍增效应。

喀什市返乡青年尼加提 · 巴吾东运用大学所学的计算机专业特长，开办传媒科技公司，积极吸纳毕业生就业；伊宁市巴彦岱镇绣娘哈玛古丽 · 吐尔汗开办非遗刺绣工坊，将传统民族刺绣融入现代饰品、服装中，销往全国各地，带动更多乡村妇女就业创业；阿克苏沙雅县创业青年也比力江 · 热合曼在政府

的帮助下，进驻创业孵化产业园，享受了一系列优惠政策……如今，“双创”浪潮在新疆大地充分涌动，为当地发展注入强大动能。

搭建创新创业平台，落实创业担保贷款、税收减免、创业补贴等扶持政策，通过开展万名高校毕业生创业培训“圆梦计划”、创业创新大赛、创业服务地州行、创客训练营等专项活动，从创业项目培育、发掘、扶持、提质 4 个环节发力，提振创业信心，营造创业氛围，激发创业热情。

“在困难之际，政府为我开通了绿色通道，及时让公司享受创业补贴、房租补贴政策，帮助创业项目平稳发展。”昌吉市鸿门焰火石板煎肉店负责人武耀贤说。

十年间，全区共有 1 223.06 万人次享受各项就业创业补贴政策。2020—2021 年，通过减免和降低社保费率共为企业减负 239.77 亿元；发放稳岗返还补贴 13.57 亿元；落实各项就业创业补贴资金 490.34 亿元，有力确保了市场主体稳定。

2012 年以来，全区共为 27.08 万人发放创业担保贷款 136.64 亿元；2018 年以来，全区新增创业 34.23 万人，创业带动就业 63.81 万人；截至 2022 年 6 月，全区共有各类创业孵化基地 182 家。一组组数字，见证了新疆维吾尔自治区在新时代的坚实发展步伐。

2022 年 5 月 13 日，新疆维吾尔自治区人力资源和社会保障厅联合自治区残疾人联合会在新疆博州举办了“残疾人就业帮扶活动”启动仪式暨“第三十二次全国助残日活动”。上图为同步开启网络直播，下图为求职者现场详细咨询。

服务升级　精心保障求职就业路

33 岁的沙根别克 · 朱甫海是阿勒泰地区富蕴县库尔特乡阿舍勒村的一名脱贫劳动力，过去靠打零工养家糊口，收入很不稳定。2016 年，他免费参加了当地人社部门组织的中式烹调培训，又参加了创业培训（SYB），还申请到了 15 万元的创业担保贷款，在富蕴县工业园区开起了饭馆。“培训学习让我掌握了就业创业技能，增收致富的信心更足了，相信今后的日子会越过越好。”

十年来，新疆维吾尔自治区建立健全以企业、技工院校和各类培训机构为依托，以就业技能培训、岗位技能提升培训和创业培训为主要形式，覆盖城乡全体劳动者的培训体系。深入实施职业技能提升行动，不断完善技能人才培养、使用、评价、激励制度，一大批劳动者实现技能更强、就业更好、收入更高。

2012—2021 年，全区开展各类职业技能培训，累计培训 1 257.89 万人次，年均培训 125.79 万人次；建设认定高技能人才培训基地 88 个、技能大师工作室 137 个。

全面摸排辖区劳动力就业情况，组织开展职业技能培训，做好就业跟踪服务。四年来，阿克苏地区库车市新城街道杏花苑社区劳动保障协理员努色热提·热合曼，用心用情用力做好就业工作。2022 年以来，已帮助 152 名劳动力实现就业。

十年来，新疆维吾尔自治区全面加强公共就业服务体系建设，大力推进县级以上公共就业服务机构整合、基层平台建设以及公共就业服务向村级延伸，全区五级公共就业服务体系全面形成。

持续推进“互联网＋公共就业服务”，线上线下联动，多方协力推动公共就业服务质量不断提升，为促进更加充分更高质量就业提供坚强保证。

截至 2022 年 6 月，全区建成县级以上公共就业服务机构 111 个，覆盖率 100%；建立乡村两级就业和社会保障服务平台 13 047 个，覆盖率达 99.34%，专（兼）职基层劳动保障协理员 18 445 人，培训基层平台工作骨干 6 000 余人次。

按照人社部公共就业“10 ＋ N”服务系列活动安排，结合自治区优势产业，创造性地开展形式多样的活动，着力打造成自治区 24 项公共就业创业服务专项活动构架。近两年来，全区开展就业援助月、金秋招聘月、“技展天山”技工院校毕业生招聘等各类专项活动 41 项，线上线下招聘会 4 345 余场次，参与招聘

2022 年新疆维吾尔自治区就业援助月现场招聘会现场。

的用人单位 6.02 万余家，提供岗位 101.96 万余个，参与招聘活动 790.2 万人次。

十年栉风沐雨，十年春华秋实。牢记习近平总书记嘱托，2 500 多万新疆各族人民像石榴籽一样紧紧抱在一起，凝心聚力、阔步向前，奋力建设团结和谐、繁荣富裕、文明进步、安居乐业、生态良好的大美新疆。

（王东丽）

新疆生产建设兵团：

为安边固疆人提供坚实保障

“热爱祖国、无私奉献、艰苦创业、开拓进取”，掷地有声的兵团精神鼓舞了一代又一代的兵团人社人。

党的十八大以来，习近平总书记两次到新疆生产建设兵团考察，强调要加快推进兵团改革，深化兵地融合，打造城乡和谐的田园式家园，充分发挥兵团作为安边固疆稳定器、凝聚各族群众大熔炉、发展先进生产力和先进文化示范区的功能和作用，努力形成新时代兵团维稳戍边新优势。

在习近平总书记的关心下，在兵团精神的鼓舞下，新疆生产建设兵团人社部门充分发挥社保的“稳定器”作用。十年来，制度更加健全，企业职工养老保险统筹层次不断提高，保障能力不断增强，不断满足兵团群众日益增长的多样化社保需要。

用改革的思路建立民生保障制度

十年耕耘，新疆生产建设兵团社保制度改革硕果累累。

2020 年，新疆生产建设兵团规范企业职工基本养老保险兵团级统筹，向实现全国统筹迈出坚实一步。“此事关系广大参保人员切身利益和兵团经济社会发展稳定大局。通过规范兵团级统筹，我们实现了基金的统收统支，增强了养老保险基金共济能力，促进了养老保险制度可持续发展。”兵团人社局党组成员、副局长张鹤林说。2022 年 5 月，兵团印发了落实企业职工基本养老保险全国统筹制度的工作方案，规范了养老保险政策、经办服务程序、信息系统和待遇项目，并建立了兵团及师市养老保险支出责任分担机制和管理考核机制。

“目前兵团享受企业职工基本养老保险待遇的退休人员有 67.42 万人，缴纳社保费的在职人员有 104.34 万人。”兵团人社局养老保险处处长王霞介绍，通过实行兵团级基金统筹调剂，保证了养老保险待遇按时足额发放。

“领养老金以来，待遇每年都有增长。”兵团十二师 221 团的贺桂莲已经 67 岁了，2011 年参保缴费，2015 年开始领取养老金。2022 年 1 月，兵团十二师调整了城乡居民养老保险基础养老金，从每人每月 150 元增长到 360 元，贺桂莲的待遇也随之提高。

兵团 2015 年正式实施统一的城乡居民养老保险制度。2018 年，又出台了城乡居民基本养老保险待遇确定和基础养老金正常调整机制，健全完善了城乡居民养老保险的待遇确定，调整了个人缴费档次标准和补贴机制，落实了贫困人员兵团代缴费政策，实现城乡居民基本养老保险基金的保值增值。

十年间，养老保险参保人数大幅增长，截至 2022 年 6 月已达 200 余万人。兵团人社部门充分利用各类渠道，大力宣传参保的重要性，使群众参保观念发生改变，由少数人参保变为如今的全民参保，2022 年，全民参保被列为兵团党委“我为群众办实事”十件实事之一。不断完善的社保体系对兵团发展的助推作用越来越明显。

用保发展的措施实施援企稳岗

“近年来，我们公司享受了很多项扶持政策，这些政策就是及时雨。”图木舒克市前海棉纺织有限责任公司人力资源部业务主管董丽丽说。近年来企业的生产和运输成本不断升高，尤其是在企业遭遇新冠肺炎疫情冲击后，人社部门的援企稳岗政策一下子让他们有了“定心丸”，缓解了经营压力，稳定了职工队伍，增强了战胜困难的信心。

企业，是屯垦戍边的重要力量。2016 年，兵团人社部门开始实施普惠性稳岗返还政策，对不裁员、少裁员的参保企业返还上年度缴纳失业保险费的 50%，扶持企业稳定发展。

2020 年，为应对新冠肺炎疫情影响，兵团延续实施困难企业稳岗返还政策。同时，放宽裁员率标准、提高返还比例、倾斜支持中小微企业。2022 年，继续实施失业保险普惠性稳岗返还政策，大型企业按企业及其职工上年度实际缴纳失业保险费的 50% 返还，中小微企业按 90%返还。

“对受新冠肺炎疫情影响严重暂时无法正常生产经营在 7 日以上的所有参保企业，我们依据申请发放一次性留工培训补助。企业招用应届高校毕业生，签订劳动合同并参加失业保险的，发

放一次性扩岗补助。”王霞说。

实打实凿的政策带来真金白银的实惠。

“援企稳岗政策确实帮助我们减轻了不少负担，直接传导到职工就业，让社会发展保持了稳定。”新疆神宇水利水电建筑安装工程有限责任公司人力资源部负责人的话说到了点子上，也是很多企业的共识。

据统计，截至2022年8月底，兵团援企稳岗涉及资金达5.16亿元。

“要注意钢筋位置，钢板筋、起步筋距离需要50毫米。”这是2022年7月，在三师五十一团北区城镇基础设施配套建设项目部“建筑施工技术”培训现场传来的声音。此次培训是兵团团场连队建筑工匠培训的一部分。

“培训一共有140人参加，主要培训墙砖砌筑和钢筋绑扎工种的操作顺序、工艺要点、质量安全保证措施等内容。”张鹤林介绍，培训结束考核通过者可获得专项职业能力证书，符合条件的还可申领技能提升补贴。

2017年以来，兵团人社部门在“援企稳岗”中不断丰富失业保险的造血功能，发放职业技能提升补贴。2018年，又将失业保险结余的20%用于职业技能培训，支持职工提升职业能力，助力企业人才纾困，提升市场主体素质、稳定就业。

用全心全意的态度服务兵团群众之所需

梳理经办流程、简化证明材料、缩短办事时限、提供优质服务。

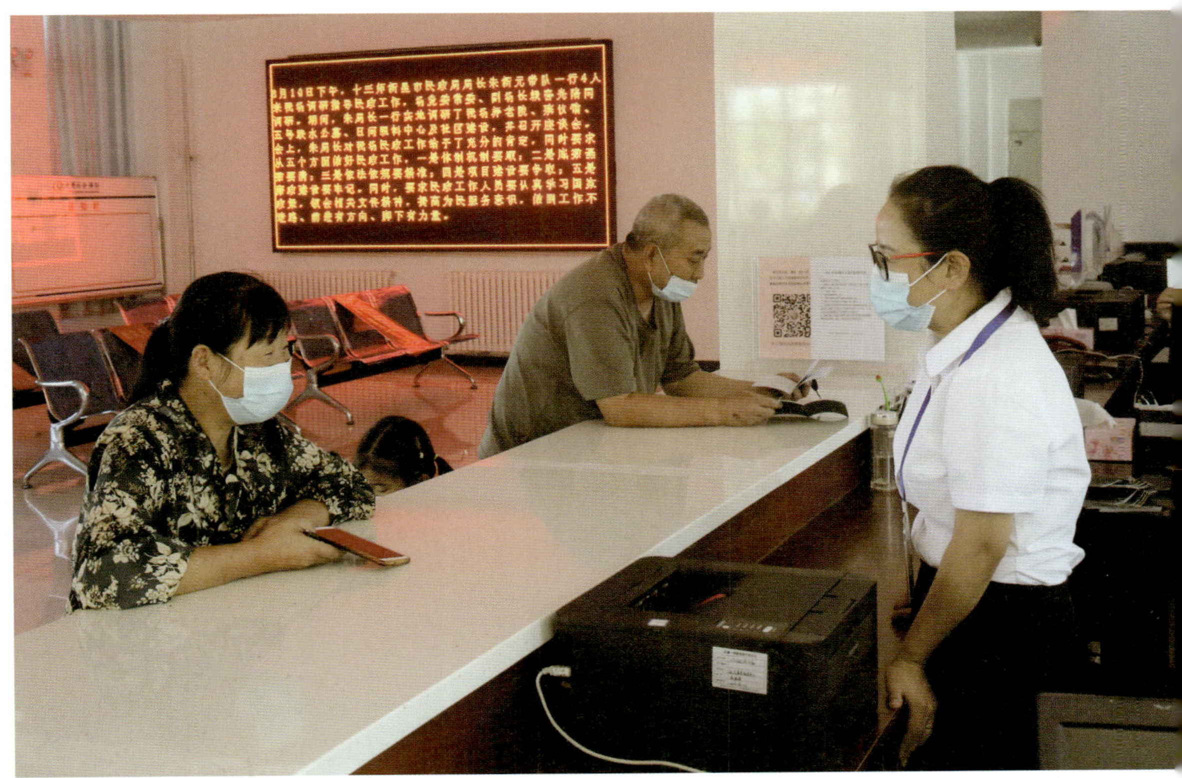

新疆生产建设兵团第十三师社保中心红星一场社保所工作人员为参保群众办理社保业务。

十年来，兵团人社部门围绕想方设法利民便民这一主题，大胆尝试，不断创新。

“申领失业保险金会影响就业吗？”

“劳动者在职期间参加了失业保险，失业后能享受什么待遇？”

…………

这是“十二师社保”微信公众号推出的“关于申领失业保险金，不懂来这问！”栏目。

不只是十二师，如今微信公众平台已经成为兵团人社部门发布社保政策法规、服务指南、工作动态的重要渠道。

屯垦戍边几代人，都是兵团宝贵财富，都是人社服务对象。党的十八大以来，兵团人社部门将主动服务贯穿于社保的每一项工作。线上随时回应诉求，线下工作人员走上街头、深入机关和企事业单位；为打通经办服务的“最后一公里”制定了具体的工作细则；推出“打包办”服务方案，推行“不见面”服务承诺，开通“一网通办”线上通道；对高频事项“提速办”、所有事项“简便办”；全面推行证明事项告知承诺制，简化诸多办事环节。

在队伍建设上，十年来，兵团人社经办人员素质不断提高，学政策、钻业务、强技能、优服务成为社保战线上的共勉共识。

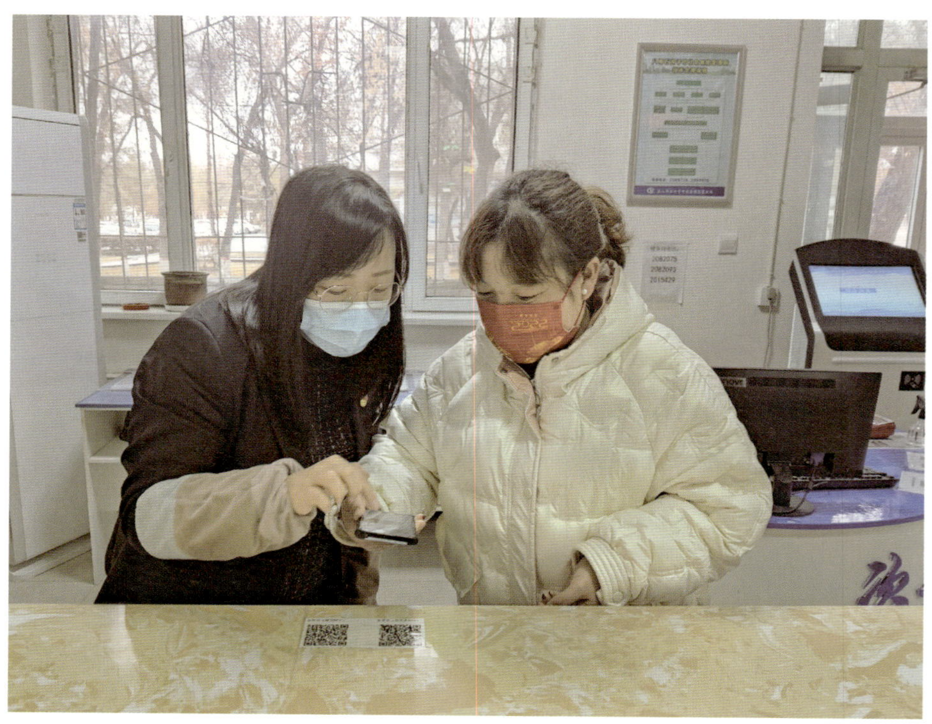

新疆生产建设兵团第十三师社保中心红星一场社保所工作人员为参保群众办理社保业务。

“太谢谢你们了，这么快银行就上门帮我制作了社保卡。”张中俭是新疆生产建设兵团第五师八十三团的退休人员，考虑到他手机使用得不熟练，行动不便，当地人社部门工作人员主动协调相关部门上门服务，解决了老人的所急所需。

“针对 80 岁以上高龄、病残等行动不便人员，我们提供政策咨询、社保待遇资格认证等上门服务，并纳入服务台账实施动态管理。”兵团社保中心主任刘尚德说。

让弱势群体也能享受到优质的社保服务。十年来，兵团人社部门不断探索，逐渐形成一套适老化服务。比如，在开通“网上办”“掌上办”的同时，保留老年人熟悉的传统线下服务方式，

新疆生产建设兵团第八师社保中心向阳社保所工作人员为辖区居民宣讲社保政策。

并提供预约服务，安排老年人错峰办业务。通过“电话传真情，温暖老人心”活动，为 74.4 万名退休人员送上暖心问候，占退休人员总数的 99.89%。

（赵为）

党的十八大以来人力资源社会保障事业
改革与发展系列读物项目组

组　长：黄卫来

副组长：仲艳平　陈　伟

成　员：傅圣英　刘凤仪　崔高洁　范文凯